| 生活技能 318 |

開始在**印度**自助旅行

作者◎ 洪沛妤(Nancy)

太雅

印度自助旅行 Q&A

Q1 女性遊客適合到印度旅遊嗎？

印度在各大觀光景點都派有軍警維護治安，千萬要將隨身包袋放在自己身前，別讓扒手有機可趁。

Q3 印度有夜生活嗎？

印度的夜生活相對比較平淡，酒吧最晚也只能營業到凌晨01點。按摩行業在印度是特許行業，比較優質安全的按摩場所大多在星級飯店內。印度人最愛的夜間活動是看電影。

▲ 服務女性的警察站

Q2 可以穿短褲或無袖服飾嗎？

在德里和孟買這樣的大都市，當地女性也經常穿著清涼的服飾。但如果你的行程會拜訪寺廟或清真寺就要注意衣著，避免穿著短褲、短裙或是無袖上衣，否則可能會被擋在門口不得入內。

Q4 素食遊客是否適合到印度旅遊？

印度是最適合茹素者的旅遊國家，很容易找到只供應素食餐點的餐廳，一般的餐廳也都會清楚標示素食或葷食餐點。近年來有更多的純素(Vegan)餐廳，提供非常精緻的素食餐點，很值得嘗試。麥當勞的素食漢堡也很美味。

Q5 印度對於抽菸的規定？

在印度大部分的公共場所、景點與大眾交通工具上都嚴格禁菸。也禁止攜帶打火機進入商場、地鐵與飛機。另外，電子菸的生產製造與販售，在印度也被嚴格禁止，但對於遊客攜帶電子菸入境並沒有限制。由於禁止攜帶電子菸進入商場與大眾交通工具，建議盡量不要攜帶入境。

Q6 要辦理旅遊簽證嗎？

前往印度旅遊需要預先辦理簽證，依照旅遊目的與時間辦理不同的簽證。若持中華民國護照最簡易的方式就是辦理電子旅遊簽證。(詳見 P.34)

Q7 是否需要打預防針？

目前已經沒有強制規定須要施打疫苗才可入境。針對流行病的預防針看個人體質與醫生建議施打。印度旅遊最容易發生的就是腸胃問題，若是都在乾淨的餐廳用餐，避免吃路邊攤，就不一定要打預防針。

Q8 印度是否只有印度料理可以選擇？

如果在行程中想嘗試非印度料理其實很方便，在印度的大城市很容易找到異國料理，也有許多的國際連鎖品牌速食店。印度最常見的異國料理就是 Pizza 跟義大利麵。

Q9 印度是否適合家庭旅遊？

印度適合各個年齡層的遊客前往，不論是年紀較長的長輩或是年幼的兒童，只需要注意旅程上的規畫，安排合適行程，印度也可以是一個精采的家庭旅遊目的地。

Q10 什麼季節適合前往印度旅遊？

若是預計旅遊金三角，那秋天到隔年春天最合適，這個時期的金三角地區氣候較涼爽。但其實印度旅遊除了避免雨季外，夏天也可以前往山區或是海邊，印度各地皆有豐富的旅遊資源。

「遊印度鐵則」

✓ 走路請靠左邊
印度與台灣不同駕駛是右駕，所以走路要靠左邊走。走在路上也要小心不要邊走邊看手機，除了混亂的交通外，也要注意手機被搶的風險。

✓ 議價要確認幣別
詢問價格要確認幣別是盧比還是美金，經常有不良的商家告訴你 100 元，但你支付 100 盧比時，他卻改口說是 100 美金。

✓ 不要害怕說 NO！
不管是路上騷擾旅客的掮客或者是兜售商品的小販，遇到不喜歡的行為直接禮貌的拒絕，這麼做並不會讓你遭遇危險，所以不要容忍，可以直接拒絕或忽略不理。

✓ 尊重小費文化
在印度是有索取小費的習慣的，如果覺得服務人員的付出讓你滿意可以適當支付小費。印度人本身也會獎勵性的給小費來感謝服務他們的人。

✓ 留意找遊客拍照的當地人
旅遊景點經常會有印度本地遊客要求一起合照，因為有些來自比較遙遠的地區，他們並不常見亞洲遊客。若是印度家庭遊客不妨大方接受合照的要求，女性遊客則要小心單獨要求合照的男印度遊客。

✓ 盡量喝瓶裝水避免腸胃不適
避免腹瀉的最好方式是盡量喝瓶裝水，瓶裝水要注意瓶蓋是否為原裝密封。另外，腸胃比較敏感的話也盡量不要喝有冰塊的飲品。

臺灣太雅出版
編輯室提醒

出發前,請記得利用書上提供的通訊方式再一次確認

每一個城市都是有生命的,會隨著時間不斷成長,「改變」於是成為不可避免的常態,雖然本書的作者與編輯已經盡力,讓書中呈現最新的資訊,但是,仍請讀者利用作者提供的通訊方式,再次確認相關訊息。因應流行性傳染病疫情,商家可能歇業或調整營業時間,出發前請先行確認。

資訊不代表對服務品質的背書

本書作者所提供的飯店、餐廳、商店等等資訊,是作者個人經歷或採訪獲得的資訊,本書作者盡力介紹有特色與價值的旅遊資訊,但是過去有讀者因為店家或機構服務態度不佳,而產生對作者的誤解。敝社申明,「服務」是一種「人為」,作者無法為所有服務生或任何機構的職員背書他們的品行,甚或是費用與服務內容也會隨時間調動,所以,因時因地因人,可能會與作者的體會不同,這也是旅行的特質。

新版與舊版

太雅旅遊書中銷售穩定的書籍,會不斷修訂再版,修訂時,還區隔紙本與網路資訊的特性,在知識性、消費性、實用性、體驗性做不同比例的調整,太雅編輯部會不斷更新我們的策略,並在此園地說明。您也可以追蹤太雅IG跟上我們改變的腳步。

taiya.travel.club

票價震盪現象

越受歡迎的觀光城市,參觀門票和交通票券的價格,越容易調漲,特別Covid-19疫情後全球通膨影響,若出現跟書中的價格有落差,請以平常心接受。

謝謝眾多讀者的來信

過去太雅旅遊書,透過非常多讀者的來信,得知更多的資訊,甚至幫忙修訂,非常感謝大家的熱心與愛好旅遊的熱情。歡迎讀者將所知道的變動訊息,善用我們的「線上回函」或直接寄到 taiya@morningstar.com.tw,讓華文旅遊者在世界成為彼此的幫助。

開始在印度自助旅行

作　　者	洪沛妤(Nancy)
總 編 輯	張芳玲
發想企劃	taiya旅遊研究室
編輯主任	張焙宜
企畫編輯	張焙宜
主責主編	張焙宜
特約編輯	翁湘惟
封面設計	何仙玲
美術設計	何仙玲

國家圖書館出版品預行編目(CIP)資料

開始在印度自助旅行/洪沛妤作. -- 初版. --
臺北市：
太雅出版有限公司, 2025.02
　面；　公分. -- (So easy；318)
ISBN 978-986-336-548-8(平裝)
1.CST: 自助旅行 2.CST: 印度
737.19　113018987

太雅出版社
TEL：(02)2368-7911　FAX：(02)2368-1531
E-mail：taiya@morningstar.com.tw
太雅網址：http://taiya.morningstar.com.tw
購書網址：http://www.morningstar.com.tw
讀者專線：(02)2367-2044、(02)2367-2047

出 版 者　太雅出版有限公司
　　　　　106020台北市大安區辛亥路一段30號9樓
　　　　　行政院新聞局版台業字第五〇〇四號

讀者服務專線：(02)2367-2044／(04)2359-5819#230
讀者傳真專線：(02)2363-5741／(04)2359-5493
讀者專用信箱：service@morningstar.com.tw
網路書店：http://www.morningstar.com.tw
郵政劃撥：15060393(知己圖書股份有限公司)

法律顧問　陳思成律師

印　　刷	上好印刷股份有限公司　TEL：(04)2315-0280
裝　　訂	大和精緻製訂股份有限公司　TEL：(04)2311-0221
初　　版	西元2024年02月01日
定　　價	450元

(本書如有破損或缺頁，退換書請寄至：
台中市西屯區工業30路1號　太雅出版倉儲部收)

ISBN　978-986-336-548-8
Published by TAIYA Publishing Co.,Ltd.
Printed in Taiwan

作者序

Incredible India 不只是印度觀光局的宣傳口號，印度就是一個不可思議的存在！

我的首次印度行是商務行程，因為從未把印度列入我的旅遊清單中，所以對於這個國家一無所知，只知道印度有一個世界8大奇景「泰姬瑪哈陵」。猶記得出發前，身旁不少親友憂心詢問：「真的要去印度嗎？」這才知道印度這個國家在大家眼中似乎是個危險的國家，並且對於女性不太友善。

後來因緣際會在印度住了下來，生活中經常遇到各種的印度不可思議，漸漸地熟悉這個國家後，才知道我們對於印度了解的太少，這個國土面積比台灣大92倍的國家，多樣的種族、宗教與多元的文化，巨大的貧富差距等因素，讓你在印度的旅遊路上經常會遇到各種讓你啼笑皆非的事件。

我何其有幸能夠在這個國家生活下來，印度之大，旅遊資源之豐富，熱愛旅遊的我有幸能夠深入探索這個精采的國家。希望透過我們讓

更多人看見印度的美景與獨特的文化。

在此也提供給即將前往印度旅遊的遊客建議，拋開你在其他國家的旅遊經驗，也拋開台灣經驗，以開放的心胸來迎接印度的不可思議，這樣會讓你的印度旅遊更加順利，將也有美好回憶。

關於作者

洪沛妤（Nancy）

有著熱愛旅遊的靈魂，喜愛在每次的旅行玩得更深入，因此習慣花很多時間研究每一個旅遊目的地。即便居住在同一個城市也不斷開發新景點與餐廳，因此成為朋友們的玩樂資訊供應站。曾因工作而旅居中國多年，短暫的回到台灣後又再次移居印度。目前居住首都德里，主要經營旅遊事業。希望能夠成為台灣與印度往來的橋樑之一，把更多的印度美景介紹給大家。

部落格： www.pioneerindiatour.com/blog　@pioneer.tour.india

開始 So Easy! 自助旅行 8
在印度

目 錄

- 02　印度自助旅行
- 04　遊印度鐵則
- 05　編輯室提醒
- 07　作者序 & 關於作者
- 10　如何使用本書

12
認識印度
- 14　印度速覽
- 22　印度世界遺產列表

48
機場篇
- 50　認識德里國際機場
- 54　印度入出境步驟
- 58　德里機場前往市區

84
住宿篇
- 86　選擇合適的住宿
- 88　住宿類型介紹
- 93　德里住宿區域介紹
- 94　特色住宿介紹

24
行前準備
- 26　蒐集旅遊資訊
- 30　擬定旅行計畫
- 32　購買機票
- 34　準備簽證
- 40　貨幣匯兌
- 44　行李打包

64
交通篇
- 66　德里大眾運輸系統
- 73　聯外交通
- 82　印度特色交通

98
飲食篇
- 100　印度飲食文化
- 104　用餐須知
- 106　印度必嘗美食
- 112　餐廳選擇與推薦
- 115　平價美食與異國料理

9 Traveling in India *So Easy!*

118
購物篇
- 120 印度購物須知
- 122 印度特色禮品
- 125 百貨公司與市集
- 130 印度超市

172
通訊篇
- 190 打電話＆上網
- 192 郵寄

134
玩樂篇
- 136 印度特殊體驗
- 140 印度節慶之旅
- 144 北印金三角5日規畫
- 150 德里
- 162 阿格拉
- 167 齋浦爾
- 174 印度其他旅遊城市

194
應變篇
- 196 物品遺失
- 198 突發狀況處理方法

202
指指點點

開始 **So Easy!** 自助旅行 10
在印度

如何使用本書

本書是針對旅行印度而設計的實用旅遊GUIDE。設身處地為讀者著想可能會面對的問題，將旅人會需要知道與注意的事情通盤整理。

印度概況：帶你初步了解印度外，還提醒你行前的各種準備功課、與你需申請的證件。

專治旅行疑難雜症：辦護照、機場入出境步驟、行李打包、當地交通移動方式、機器購票詳細圖解教學、行程安排、選擇住宿、如何緊急求助等等。

提供實用資訊：各大城市必訪景點、飲食推薦、購物區推薦、交通票券介紹，所有你在印度旅行可能遇到的問題，全都預先設想周到，讓你行腳到印度，更能放寬心、自由自在地享受美好旅行。

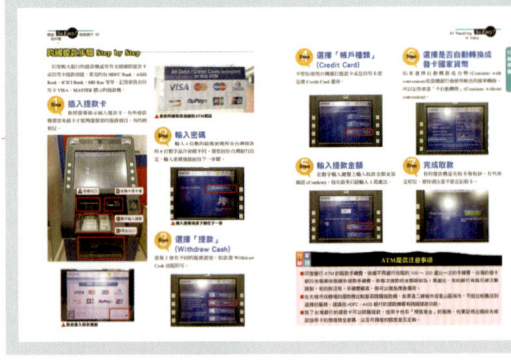

▲ **機器、看板資訊圖解**
購票機、交通站內看板資訊，以圖文詳加說明，使用介面一目了然。

▲ **求助資訊這裡查**
駐印度台北經濟文化中心
No. 34, Paschimi Marg, Delhi-110057, India
(+91-11) 4607-7777、
(+91)9810642658

資訊這裡查
重要資訊的網址、地址、時間、價錢等，都整理在BOX內，方便查詢。

Step by Step圖文解說 ▶
入出境、交通搭乘、機器操作、機器購票，全程Step by Step圖解化，清楚說明流程。

◀ **貼心小提醒**
作者的玩樂提示、行程叮嚀，宛如貼身導遊。

豆知識 ▶
延伸閱讀、旅行中必知的小常識。

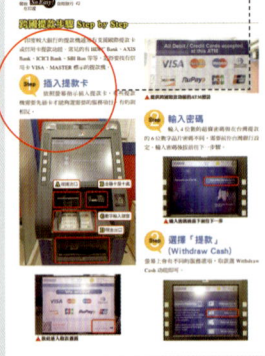

11 Traveling So Easy! in India

▲ **路上觀察**
當地的街頭趣味、城市觀察、特有的文化專欄解說。

▲ **行家祕技**
內行人才知道的各種撇步與玩樂攻略。

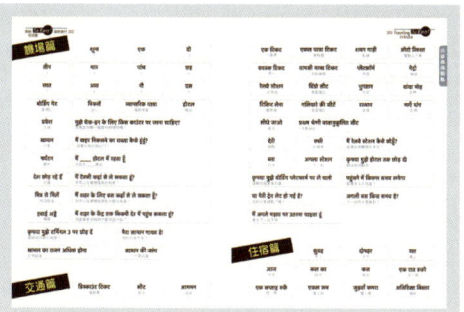

▲ **旅行實用會話**
模擬各種場合與情境的單字與對話，即使印語不通，用手指指點點也能暢遊印度。

▲ **印度玩樂重點**
帶你深度探索金三角、熱門城市阿格拉及齋浦爾必訪去處，以及印度的特色建築、寺廟、文化體驗，讓你深入感受印度的魅力。

▲ **美食專題**
介紹印度飲食文化、用手吃飯步驟、用餐須知，以及特色必嘗美食，還有推薦的餐廳。

資訊符號解說	速掃QR CODE，下載實用APP
http 官方網站 @ 電子信箱 ✉ 地址 ☎ 電話 ◷ 開放、營業時間 $ 費用 ➡ 交通方式 ⓘ 重要資訊 f Facebook IG Instagram	只要掃描下方QR CODE連結，即可直接下載應用程式。舉凡天氣查詢、美食搜尋、匯率換算、訂房住宿、巴黎交通運輸、購物指南等等，有助規畫行程、掌握即時資訊，遇到罷工、天災，提前知道，不怕行程撲空。

認識印度
About India

印度,是個什麼樣的國家?

印度是一個占地廣闊,且人口稠密的國家。北印度與南印度不只民情不同,連文字和語言也不一樣,這裡有壯麗的高山與湖泊,還有遼闊的沙漠地形,沿著母親河「恆河流域」誕生的千年文化,以及多元的宗教色彩。如果你喜歡悠遠的歷史故事、古蹟城堡與宮殿建築、壯麗的地貌風景、熱鬧的宗教節慶,那你一定要來印度看看這個迷人的國家。

開始 So Easy! 自助旅行 14
在印度

印度速覽

Incredible India 就是對於印度最傳神的描述！

🇮🇳 印度小檔案 01

歷史 | 古印度文明始於西元前 9 千年前

擁有悠久歷史的印度曾經歷許多不同的種族與文化入侵，在14世紀，由成吉思汗的後代帖木兒建立的蒙兀爾帝國幾乎統治了大部分的印度國土。並在西元1858年開始為期200年的英國殖民時期後，在1947年8月15日獨立(獨立紀念日)。隨後在1950年1月26日成立印度共和國(共和日)。

🇮🇳 印度小檔案 02

氣候 | 北印度乾燥炎熱，南印度則是濕熱氣候

印度氣候共分五季，除了春、夏、秋、冬以外還有季風(Monsoon)／雨季。由於多樣性的地理環境影響，造成不同地區皆有獨特的氣候型態。

北印度氣候差異比較明顯，大部分地區都較乾燥，一年之中除了雨季外極少下雨，但印度的雨季是整日不間斷的下雨，以致在山區經常有較嚴重的土石滑坡現象。建議旅遊盡量避開雨季。

北印度夏季氣候經常高達攝氏45度，而在冬季時的早晚溫差又極大，11月～1月的中午氣溫會達攝氏20度，但到了晚間又降到10度左右。北印度山區冬季會降雪，南印度則屬於熱帶潮濕氣候。

▲ 每年春季總統府花園對大眾開放

🇮🇳 印度小檔案 03

旅遊月分 | 10月後較涼爽，屬旅遊旺季

最適合 10月～隔年4月：最合適印度旅遊的季節，氣候較涼爽。10月以後有許多熱鬧的宗教節慶，並且也是印度婚禮的旺季。北印與南印都適合旅遊。

最炎熱 5月～6月夏季：北印氣候炎熱，此時前往北印度旅遊，一定要避開最炎熱的中午以免中暑。夏季也很適合前往更北部的喀什米爾以及拉達克山區。

避北印 6月～9月季風／雨季：盡量避免在雨季到北印度旅行，此期間很適合安排北北印拉達克旅遊。

印度基本情報

國家：印度共和國，簡稱印度。古老印度經典稱為婆羅多(Bharat)
首都：新德里(New Delhi)
面積：328萬平方公里，約台灣的92倍大
人口：14.2億人口，在2023年成為全世界人口最多的國家
語言：印地語、英語
宗教：印度教、穆斯林、錫克教及其他宗教
貨幣：印度盧比Rupee，簡稱INR

印度小檔案 04

地理 | 廣拓的國土 有豐富多元的景觀

印度總面積約328萬平方公里，以面積排名是世界第七大國家。印度的北邊連接著喜馬拉雅山南麓，西邊

▲印度中央邦獨特天然地形

有塔爾沙漠，南邊印度半島上的德干高原以及綿長的海岸線，印度的母親河「恆河」從北印的源頭流向東部的西孟加拉邦出海。這樣多元的地形所孕育出來的文化也相當豐富。

印度屬於聯邦制國家，共有28個邦(State)以及8個直轄市。前六大城市依序是：首都德里(Delhi)、中部商業大城孟買(Mumbai)、印度矽谷班加羅爾(Bangalore)、號稱珍珠城的海德拉巴(Hyderabad)、南印度大城清奈(Chennai)以及東部的舊首都加爾各答(Kolkata)。

▲孟買街景

☕豆知識

北印度的滿地落葉

北印度的樹木在春季開始大量落葉，每年在這個季節德里就有高達8千噸的落葉需要處理。這是因為樹木為了即將到來的乾旱季節，避免大量的水分蒸發，落下渡過冬季的乾枯樹葉。

▲德里藝術街的其中一面大型牆壁彩繪

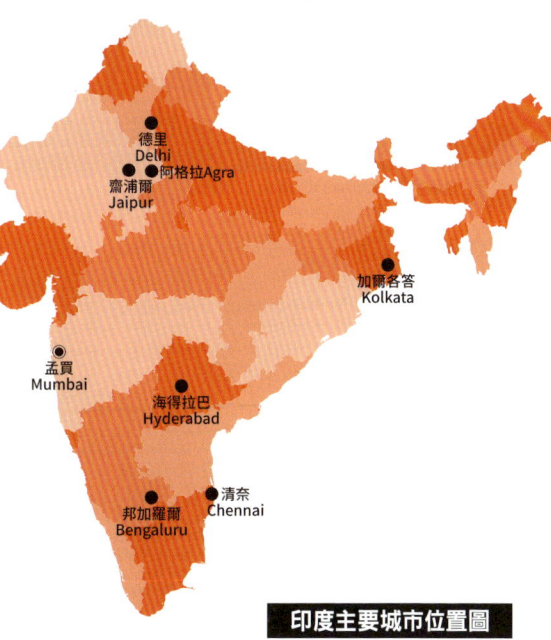
印度主要城市位置圖

地圖繪製／何仙玲

印度小檔案 05

宗教信仰 | 信仰為大多數印度人行事的準則

在印度有高達79.8%的人口信奉印度教(Hindu)，其次則是穆斯林(Muslim)占14.2%，第三大宗教是基督教(Christian)占2.3%，以及錫克教(Sikh)占1.7%，接著才是佛教(Buddhist)、耆那教(Jain)等等宗教。在印度大部分的城市都以印度教為主要的人口，而穆斯林大多數居住在喀什米爾地區，錫克教徒最多的城市則是旁遮普邦(Punjub)，基督教則分布在南印度少數幾個邦。

關於佛教，為大家所熟知的「西遊記」則是玄奘大師到西天取經，西天則是天竺即是現在的印度。印度也是佛祖釋迦摩尼成道、講道以及涅槃的地點，所以讓許多人以為印度是佛教國家，但信奉佛教的人口僅占0.7%。

雖然印度的宗教如此多元，卻因為政治、邊境與歷史的因素，經常在印度教徒與穆斯林之間產生宗教衝突，甚至不同宗教通婚，即便到了現代仍較少被接受。以上這兩點經常被作為電影題材，可見這兩個問題在印度人心中的影響性。

豆知識
印度種性制度(Caste System)

古老印度教律法書將印度教徒分為四大類：婆羅門、剎帝利、吠舍和首陀羅。在這四大類以外的稱為賤民。各個種性有各自專責的工作，並且規定高種性的人不接受低種性人提供的食物、不能坐在一起用餐，以及不通婚。儘管現代印度憲法規定禁止種性間的歧視，但在現實社會中仍然難以屏棄這千年來的制度所帶來的不平等待遇。

▲頭上綁頭巾(Turban)是錫克教的象徵

▲橘色是印度教的神聖顏色

▲位於印度達蘭撒拉的藏傳佛教寺廟

印度小檔案 06

假日與節慶
每個宗教的假期都放假以倡導宗教平等

印度的假期非常多,除了全國性的國定假日外,依照不同的地區也有獨特的宗教慶典活動。為了提倡印度每個宗教都能和平相處,儘管是不同宗教信仰也能夠一起慶祝節日。且大多的假期集中在下半年,配合宗教的假日也是印度人喜愛的婚禮季節,所以在旅遊旺季加上婚禮旺季,規畫旅遊行程都需要提早安排好交通與住宿。

日期	節/假日
1/1	新年(New Year)
1/26	共和日(Republic Day)
2/26 左右	濕婆神節(Maha Shivaratri)
3/14 左右	色彩節(Holi)
4/11 左右	開齋節(Eid-Ul-Fitr)
5/23 左右	佛祖誕辰(Buddh Purnima)
7月中	穆斯林新年(Muharram)
8/15	獨立紀念日(Independence Day)
8/20 左右	兄弟姊妹節(Rakshabandhan)
9月中	穆罕默德誕辰(Eid-Ul-Milad)
10/2	甘地誕辰(Gandhi Jayanti)
10月中	十勝節(Dussehra)
10月底	排燈節(Diwali)
11月中	錫克教聖人節(Guru Nanak Jayanti)
12/25	聖誕節(Christmas)

備註:
1. 宗教節日大多依照陰曆日期,每年的日期都不一樣
2. 沒列出固定日期的假日是依照陰曆或者不同宗教的法典。其餘節日可參考印度政府公告節日 www.india.gov.in/calendar

▲ 慶祝色彩節的群眾

▲ 藏傳佛教節日慶祝活動

印度小檔案 07

語言 | 22種官方語言，還有上千種方言

印度主要語言為英語以及印地語（Hindi），另外依照地域性還有其他五大語種，分別是：孟加拉語（Bengali）、馬拉地語（Marathi）、泰盧固語（Telugu）、泰米爾語（Tamil）與其他，共22種列於印度憲法內的主要語言。

印地語也是印度官方用語，官方會議與政府單位都使用，在印度目前約有45%的人口把印地語當成第一語言使用，但由於南印度某些地區排斥使用印地語，所以英語在南印度使用比起北印更加普及。而印地語也列入學校教育中的第二語言，在印度學會印地語的人更能獲得更多的工作機會。

印度電影事業蓬勃，為了電影票房賣座，通常也會推出不同語種的版本。以印地語為主的寶萊塢電影收入約占33%，再來是泰盧固語占20%，以及泰米爾語16%。

另外，基本上不容易遇到會說中文的人，除非預先安排中文翻譯。

▲ 南印度的文字

印度小檔案 08

文字 | 印度的文字就像其文化一樣多樣化

除了語言多樣性，使用文字也都多樣，在印度紙鈔上就印有15種文字。「天城文」為北印度最普及的文字，除了印地語使用，也是馬拉地語與尼泊爾語使用文字。

▲ 鈔票上15種不同的文字

▲ 各種印度文字的裝置藝術品

19 Traveling So Easy!
in India

認識印度

🇮🇳 印度小檔案 09

貨幣 | 注意看看
印度紙鈔上的景點

　　印度使用的貨幣為印度盧比（₹、Rupee、INR），有不同面額的紙鈔與硬幣。由於推動電子支付的成效佳，在較大的城市幾乎都可以使用信用卡與手機支付。(詳見 P.41)

　　如何辨別真假鈔可以參考印度央行網站。
reurl.cc/NQ14en

🇮🇳 印度小檔案 10

時差與 | 與台灣
營業時間 | 2.5 小時的時差

　　印度時間比台灣晚 2.5 小時，印度全國只使用一個時區。這麼特殊的 0.5 小時時差是因為印度的地理位置剛好處在兩個時區中間，於是取中間值計算，是跟其他國家整點的時差很不一樣的地方。

　　而印度的用餐時間跟我們認知的用餐時間很不同，大多數印度人的午餐通常是 14:30 左右用餐，晚餐則是 21:00 才用餐。在傍晚 17:00 通常會有一個 Tea Time。在百貨商場或是飯店的餐廳為了配合遊客，通常在中午 12:00 以及晚間 18:30 就會開始營業，但大部分的營業場所都不會營業超過 23:00。

❤ 貼心小提醒

最好用的紙鈔是500盧比與100盧比

　　除了在銀行或是換匯地點拿到新鈔機率大，否則市面上流通的紙鈔都髒且舊，可以使用獨立的錢包裝。也要注意常常有小販在找零錢時夾帶破損紙鈔，一旦拿到破損或是缺角的紙鈔就難再脫手。

▲印度各種面額紙鈔

▲印度不同幣值的硬幣

▲Tea Time對印度人很重要，可以搭配各種美味糕點

印度小檔案 11

治安 | 只要多加注意，印度並沒有那麼可怕

前往印度旅遊的安全性通常是遊客最擔心的問題，但其實印度並不如媒體報導的負面新聞那般可怕，因為印度是個有虔誠信仰的國家，絕大多數的人都是善良的。儘管如此，遊客依舊要提高警覺，因為印度人口及種族太多，思考模式與價值觀都和台灣差異很大。

印度旅遊途中比較有隱憂的通常是火車站或是機場。在火車站，常有不良的掮客搭訕遊客，告訴你現在印度正處於動亂或抗議事件，你的火車被取消或者入住的飯店發生火災，然後熱心要帶你前往假的「遊客中心」，如果你聽信他，那可能就會有落入圈套的危險。這時你可以查詢當地新聞網站並多方查證，不要直接跟著陌生人走。在機場，也常常有不合法的計程車拉客，以低廉的報價取信於你，然後中途停車索取高價的情況，最好能夠預先安排好機場交通或是多安排幾種預備方案。

另外，女性遊客除了穿著合宜的服裝，也要注意印度男人的花言巧語而落入感情詐騙，印度人能言善道與糾纏的能力，通常會讓遊客卸下心

▲ 熱鬧市集內要小心財物

防。需要謹慎判斷，防人之心不可無。旅途中隨時提高警覺，也不用過度的恐慌覺得路上每個人都要騙錢，印度沒有太多重大的強盜事件，大多數還是欺騙蠅頭小利。

▲ 市中心的貧民區

▲ 印度景點常見校外教學的學生團體

印度小檔案 12

電壓 | 除非有國際電壓，否則電器不適合帶到印度使用

印度使用的電壓為220V(伏特)；50 Hertz。插頭的形式為2圓孔或3圓孔，一般預備歐洲適用的轉接頭即可使用，手機充電插座通常有電壓轉化功能只需要接上轉接頭即可使用，若是吹風機或其他小家電就不適合攜帶到印度使用。

▲ 可使用的轉接頭型式

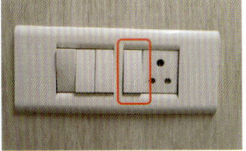
▲ 印度插座通常會有獨立的開關

印度小檔案 13

其他 | 文化差異與街頭現象

飲酒

由於宗教的因素，在印度飲酒是件比較隱晦的事情，甚至在某些邦是嚴格禁止的，並且法定允許飲酒的年紀也比較高。即便是非禁酒的邦在國定假日也是全國禁酒，有販賣酒精飲料的餐廳都會貼上禁酒日(Dry Day)的告示。只有酒專賣店與已申請販售酒精飲料許可的餐廳能夠販售。

▲ 酒專賣店

街頭乞討

印度是個貧富差距很大的國家，貧窮人口比例非常高，在印度各大城市只要車輛停紅綠燈時，或者在各大景點經常可見乞討的婦人或兒童。建議不要搖下車窗提供金錢，以免他們可能藉機把手伸入車內或搶走錢包等。

另外，在印度街頭常見特殊的乞討者，他們是「海吉拉」(Hijra)，是穿著紗麗的跨性別族群，因為印度宗教傳說認定他們是被神祝福的人。現今的海吉拉有許多是乞丐假扮，身材高大且乞討時的態度強勢，若不給錢他們可能會大聲罵人，因此路上遇見他們盡可能繞道。

▲ 市中心的貧民區

▲ 街頭乞討的海吉拉

開始在印度 So Easy! 自助旅行 22

印度世界遺產列表

除了世界八大奇景之一的泰姬瑪哈陵，還有多個世界級遺跡景點。

印度的旅遊資源相當豐富，跟著世界遺產的清單來制定旅遊路線，也是相當不錯，旅遊方式。可以透過印度考古調查局的網站來尋找世界遺產資訊，例如景點的歷史故事，開放時間以及票價等，有的景點更有線上的虛擬導覽，非常實用的網站。

印度考古調查局 ASI 網站 http asi.nic.in。

根據聯合國教科文組織（UNESCO）的評選，截至 2023 年 9 月，印度境內擁有高達 42 座珍貴的世界遺產（World Heritage），這些遺產同時受到「印度考古調查局」（ASI）的保護，並積極維護。此外，還有 50 個景點正在備選清單中。

▲印度考古調查局 ASI 網站（圖片來源：ASI 網站）

印度世界文化遺產列表

入選年分	遺產名稱
1983	阿格拉堡 (Agra Fort)
1983	阿旃陀石窟 (Ajanta Caves)
1983	埃洛拉石窟 (Ellora Caves)
1984	馬哈巴利普拉姆古蹟群 (Group of Monuments at Mahabalipuram)
1984	太陽神廟 (Sun Temple, Konârak)
1986	法塔赫布爾西格里 (勝利宮殿) (Fatehpur Sikri)

入選年分	遺產名稱
1986	果阿的教堂和修道院 (Churches and Convents of Goa)
1986	亨比古蹟群 (Group of Monuments at Hampi)
1986	克久拉霍古蹟群 (Khajuraho Group of Monuments)
1987	象島石窟 (Elephanta Caves)
1987	朱羅寺廟 (Great Living Chola Temples)

認識印度

入選年分	遺產名稱
1987	帕塔達卡爾古蹟 (Group of Monuments at Pattadakal)
1987 2004	朱羅寺廟 (Great Living Chola Temples)
1989	桑吉的佛教古蹟 (Buddhist Monuments at Sanchi)
1993	古達明納塔 (Qutb Minar)
1993	胡馬雍陵 (Humayun's Tomb, Delhi)
1999	印度山城鐵路 (Mountain Railways of India)
1999 2005 2008	大吉嶺火車 (Darjeeling Himalayan Railway) 尼爾吉里火車 (Nilgiri Mountain Railway) 西姆拉玩具火車 (Kalka Shimla Raiway)
2002	摩訶菩提寺建築群 (Mahabodhi Temple Complex at Bodh Gaya)
2003	比姆貝特卡洞穴 (Rock Shelters of Bhimbetka)
2004	尚帕內爾 - 巴瓦加德考古公園 (Champaner-Pavagadh Archaeological Park)
2005	印度山城鐵路 (Mountain Railways of India)
2007	德里紅堡 (Red Fort Complex)
2010	簡塔・曼塔天文臺 (The Jantar Mantar, Jaipur)
2013	拉賈斯坦邦的山堡 (Hill Forts of Rajasthan)
2014	女王階梯井 (Rani-ki-Vav(the Queen's Stepwell) at Patan, Gujarat)
2016	那爛陀瑪哈維哈拉考古遺址 (Archaeological Site of Nalanda Mahavihara at Nalanda, Bihar)
2016	勒柯比意的建築作品 (The Architectural Work of Le Corbusier)
2017	歷史名城艾哈邁達巴德 (Historic City of Ahmadabad)

入選年分	遺產名稱
2018	孟買的維多利亞哥德式與裝飾藝術建築群 (Victorian Gothic and Art Deco Ensembles of Mumbai)
2019	齋浦爾(粉紅城市) (Jaipur City, Rajasthan)
2021	多拉維拉(Dholavira: a Harappan City)
2021	拉馬帕寺 (Kakatiya Rudreshwara (Ramappa) Temple)
2023	賀沙拉斯神廟建築群 (Sacred Ensembles of the Hoysalas)
2023	桑蒂尼克坦修道院(Santiniketan)

印度世界自然遺產列表

入選年分	遺產名稱
1985	卡齊蘭加國家公園 (Kaziranga National Park)
1985	凱奧拉德奧國家公園 (Keoladeo National Park)
1985	瑪納斯野生動物保護區 (Manas Wildlife Sanctuary)
1987	孫德爾本斯國家公園 (Sundarbans National Park)
1988 2005	南達德維和花谷國家公園 (Nanda Devi and Valley of Flowers National Parks)
2012	西高止山脈(Western Ghats)
2014	大喜馬拉雅國家公園保護區 (Great Himalayan National Park Conservation Area)

印度世界混合遺產清單

入選年分	遺產名稱
2016	干城章嘉國家公園 (Khangchendzonga National Park)

行前準備
Preparation

出發前,該做哪些準備?

前往印度旅遊需要預先做好哪些準備呢?這個章節告訴你怎麼購買合適的機票、應該怎麼辦理簽證、如何準備行李,以及當地貨幣兌換等等實用資訊等等。預先對印度獨特人文多點了解,會讓你更融入與深刻體驗這個國家。

蒐集旅遊資訊

在網路發達的現代，透過網路來蒐集旅遊資訊讓出遊更便利。

前往印度旅遊的華人仍是較少數，所以中文的印度旅遊資訊比較少，也經常有偏頗的觀點，但現代科技發達，善用網路翻譯功能也可以讓你獲取更多資訊。因為印度旅遊路途上很多無法預期的驚喜，建議在規畫印度行程時，預先安排好交通方式以及預定好住宿地點，少一點變數會讓你的旅程更舒適。

旅遊資訊網站

Incredible India印度旅遊局官方網站

介紹印度各個邦的特色景點與各種文化祭典。
http www.incredibleindia.org

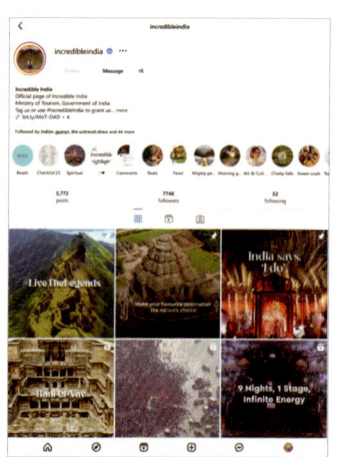

◀ 印度旅遊局官網IG

行家祕技 善用社群蒐集旅遊資訊

現今大家喜愛透過個人的社群媒體分享旅遊紀錄與行程細節，可以從 Instagram 或是 YouTube 頻道搜尋關鍵字#印度、#印度旅遊，就能從影像管道找到美麗的拍照景點，以及最佳拍照角度。透過YouTube影片先一覽印度的動態資訊，也可以加入印度相關臉書社團尋找相關資訊，甚至尋找到志同道合的旅伴。

背包客棧論壇

中文自助旅行論壇，有印度專屬頁面可以獲取最新印度旅遊相關資訊，以及向其他旅人提出印度旅遊問題，會有熱心的網友提供資訊。
http www.backpackers.com.tw

新南向人員健康服務中心

台灣政府針對新南向政策對應國家提出的健康相關建議，有印度專頁可知曉當地流行病情況，以及建議就醫地點等實用資訊。
http www.newsouthhealth.org.tw

27 Traveling So Easy! in India

行前準備

▲Tripadvicer 網站

Tripadvisor 貓途鷹

國際旅遊評論網站，針對不同國家與城市列出景點、住宿飯店與餐廳推薦及排名。由遊客針對景點提出的評論，可做為是否將該景點列入行程的參考。

http www.tripadvisor.com.tw

Archaeological Survey of India (ASI) 印度考古局景點購票網

提供景點介紹與票價參考，表列景點只有 ASI 官方維護的景點，有些由地方政府維護的景點不含在內。

http asi.payumoney.com

機票與住宿預定

Skyscanner

機票比價網，可以透過網站找出最實惠的航線，或時間最佳的航班等資訊。

http www.skyscanner.com.tw

Trip.com

中文機票與飯店住宿預訂網站。

http www.trip.com

Agoda

國際訂房網。

http www.agoda.com.tw

Make My Trip India

印度最大購票與飯店預定網站。

http www.makemytrip.com

貼心小提醒

小心假冒官方旅遊局

在印度的火車站周邊或是繁忙的市集內，可能會見到看似官方遊客服務中心招牌如：「Tourist Information」或「Department of Tourism Government of India」，要注意這些大部分都是代售車票或行程的業者所設立的店鋪，並非真的官方旅遊局，通常會詐騙遊客，需要當心。

實用APP推薦

印度是一個軟體科技非常發達的國家，食衣住行都離不開各式各樣的手機應用程式。在印度旅遊路上可以好好利用這些實用的APP來讓旅程更順暢。

Google Map

使用網路地圖搜尋機場或車站位置，可以預估大約的車程時間。在選擇飯店時可以先參考Google Map上的房型照片與曾經入住過的客人評價。

DMRC Momentum2.0

可以查詢地鐵路線與地鐵時刻表，若在德里打開程式還可以找尋靠近你的地鐵站。這個程式也可以購買地鐵票，但只能夠使用印度銀行卡支付，所以APP購票功能不適用外國旅客。

RailYatri

可以查詢火車與巴士時間與票價，這個APP最好用的功能是可以查詢火車的即時狀態，也可以查詢火車停靠的月臺，即使在火車票官網買的車票也可以在此查詢。

OLA

線上叫計程車程式，號稱印度版的Uber，比起Uber的價格稍微高，且無法綁定台灣信用卡。但如果可以支付現金的話會建議選擇OLA，車輛與司機比起Uber稍微好一點。

RedBus

印度最大的巴士購票網站，可以查詢巴士路線及票價，現在也可以訂購火車票。

Uber

線上叫計程車程式，Uber對於國外遊客的優點是在台灣就可以使用台灣手機號碼先註冊，並可綁定台灣信用卡支付，到了印度立即可以使用。

行家祕技：搭乘Uber更順暢的方式

1. 完成叫車後，可以先看一下司機的評分，若司機的年資不到一年但評分只有4.8或駕駛評分低於4.7的司機，通常車況較差或司機的駕駛情況不佳。
2. 善用Uber訊息功能告知司機你等候的位置，以及預計前往地點，這樣可以減少司機拒載的情況。多數司機喜歡打電話來詢問前往地點，但是普遍無法使用英語溝通，所以使用訊息功能比較容易溝通。可以輸入中文或英文，Uber訊息有即時翻譯功能。

Uber叫車步驟 Step by Step

Step 1 輸入目的地

於空格中輸入目的地，可以從 Google Map 複製貼上地址或地名來搜尋預計前往地點。

▶ 輸入地名或地址

Step 2 選擇你要的車款

依據你的人數選擇車款。

A. 點擊選擇車款
B. 確認付款方式
C. 按下選擇

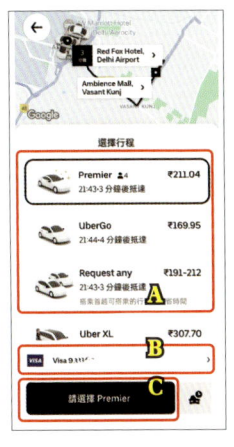

Step 3 確認上車地點

確認上車地點是否正確，也可移動藍色指標來設定預計上車地址。

A. 可更改上車地點
B. 點擊確認上車地點

Step 4 叫車成功畫面

此畫面為成功叫到車了，頁面有車輛的相關資訊。

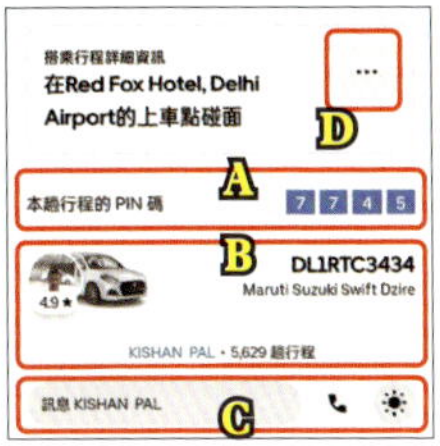

A. PIN碼為上車後需要告知司機的乘車確認號碼
B. 點擊可確認司機評分、車號與車款資訊→Step5
C. 傳送訊息給司機
D. 點擊可看到更多選項與取消叫車→Step6

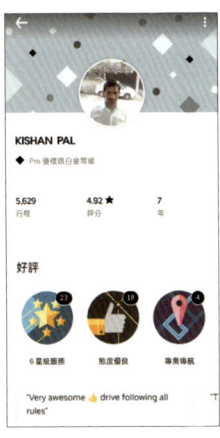

Step 5 查詢司機資訊

從 Step4 畫面點擊「司機照片」即可查詢司機的評分、車號與車款資訊。

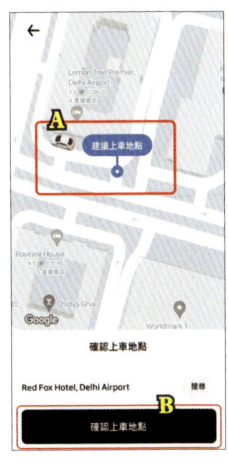

Step 6 若要取消叫車

從 Step4 的畫面點擊「...」後可以查看更多資訊，或是取消叫車。

擬定旅行計畫

根據旅遊的天數與季節，來規畫印度旅遊的行程。

印度是個旅遊資源豐富，人文薈萃的國家，第一次前往印度旅遊適合從北印度開始，除了歷史悠久的世界遺產建築眾多且集中，旅遊相關的服務也較為完善。印度面積很大，若要一次就玩遍印度不太可能，所以這邊推薦幾條不同路線，可以依照你的假期長度來規畫路線。

泰姬瑪哈陵一日遊

適合時間有限，但想觀賞世界七大建築奇蹟的旅客。

德里機場或飯店 → 泰姬瑪哈陵墓 → 阿格拉堡 → 當日返回德里

德里一日遊

適合從其他城市前來德里，預備搭班機離開印度或者於印度轉機的遊客。

德里機場或飯店 → 印度門 → 紅堡 → 康諾特廣場午餐 → 胡馬雍陵墓

金三角 5 日遊

適合第一次前往印度旅遊，且假期不長的遊客。

- Day 1　班機抵達德里
- Day 2　德里市區觀光：印度門、紅堡、胡馬雍陵墓
- Day 3　德里前往阿格拉(火車或包車)：泰姬瑪哈陵墓、阿格拉堡
- Day 4　阿格拉前往齋浦爾(火車或包車)：參觀齋浦爾城市宮殿、風之宮殿、粉紅老街區
- Day 5　齋浦爾琥珀堡、水中宮殿，前往德里機場搭機返回台灣(包車或搭國內班機)

貼心小提醒

留意景點公休時間

德里市區景點多數於週一公休，而泰姬瑪哈陵墓則是每週五閉園。

印度四色城 12 日遊

適合有充裕時間的旅客，四色城之旅可以一覽北印度最美麗宮殿與壯觀城堡。

- Day 1　抵達德里
- Day 2　德里市區
- Day 3　阿格拉
- Day 4　齋浦爾(粉紅城市)
- Day 5　齋浦爾(搭機或包車)
- Day 6　烏代浦爾(白色城市)
- Day 7　烏代浦爾(白色城市)
- Day 8　烏代浦爾前往久德浦爾(藍色城市)
- Day 9　久德浦爾
- Day 10　久德浦爾前往齋沙漠爾沙漠(黃金城市)
- Day 11　齋沙漠爾市區
- Day 12　齋沙漠爾搭機前往德里，轉國際班機返回台灣

開始在印度 So Easy! 自助旅行 32

購買機票

前往印度該購買什麼航線的機票呢？

從台灣出發前往印度應該購買哪一種機票呢？在疫情之前有中華航空營運的直飛印度班機，但是疫情後已經取消，目前未知是否會有直航班機復航。但比起疫情前多了幾個可轉機的航點。目前可透過以下幾個國家轉機：**香港、泰國曼谷、新加坡、越南河內或胡志明、馬來西亞的吉隆坡以及杜拜**。不管從哪個航點轉機，這些航班抵達印度的時間大多是在晚上 20 點以後，甚至可能是凌晨 01 點了，所以在訂購機票時，轉機時間與抵達時機也需要列入考慮。

選項，但票價相對會較高昂。

從台灣出發須經轉機前往幾個印度較大的國際機場 (請見本頁置底「印度機場與代號」表格)。若要從北印金三角、泰姬瑪哈陵開始行程建議從新德里機場入境。

▲ 清奈機場

選購機票

確定出發日期與旅遊天數後可以開始搜尋合適的航班，通常提早 2 ～ 3 個月購買價格比較優惠，最便宜的選項是越南的廉價航空「越捷」(Vietjet)。而總飛行時間最短的 (含轉機) 選項是「國泰航空」經香港轉機。「泰國航空」與「新加坡航空」也是最多人選擇前往印度的班機

▲ 印度機上食物

看懂機票

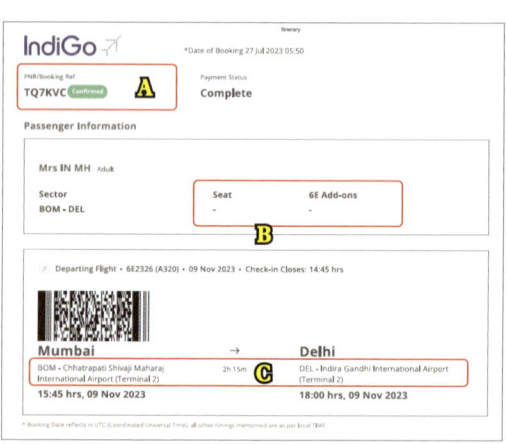

A. 確認號碼 PNR ／ B. 座位號 Seat；加購 Add-ons ／ C. 搭機航廈與抵達航廈

印度機場與代號

機場名稱	新德里	孟買	清奈	班加羅爾	海德拉巴	加爾各答
機場代號	DEL	BOM	MAA	BLR	HYD	CCU

選擇航空公司

越捷航空(VieJet) 〔最便宜〕

經由胡志明轉機，票價最經濟，但缺點是轉機時間比較久。

http www.vietjetair.com

國泰航空(Cathay Pacific) 〔最快速〕

經由香港轉機，總航程時間最短，但要注意轉機時間不要少於90分鐘較為安全。

http www.cathaypacific.com

新加坡航空(Singapore Airlines) 〔最舒適〕

經由新加坡轉機，服務最佳且班機舒適，但總航程時間和轉機時間較長，票價也相對較高。

http www.singaporeair.com

泰國國際航空(Thai Airways) 〔最受歡迎〕

經由曼谷轉機，抵達時間通常不會太晚，轉機時間適中，通常是大眾的熱門選擇。

http www.thaiairways.com

國內廉價航空

印度的國內班機路線很多，熱門的旅遊目的地通常都設有機場。如果要節省路途通車時間，搭乘飛機移動也是個不錯的選項。但印度國內航線大多是廉價航空公司，提早購買機票價格通常很優惠，如果出發前1～2週，甚至幾天前才購票價差就會很大，建議預先做好計畫就能節省行程費用。

Air India 〔國營航空〕

原本的印度國營航空現在轉為私營公司，儘管近年來積極提升服務品質，但仍經常誤點或臨時取消班機。也有國際航線，從德里直飛香港。

http www.airindia.com

Air India Express 〔冷門路線〕

Air India 的子公司，航線通常是比較小的二線城市。

http www.airindiaexpress.com

Indigo 〔最推薦〕

印度最大的航空公司，機隊數量與航線都占印度第一名。由於航班多，通常是印度國內旅遊的首選。

http www.goindigo.in

SpiceJet 〔最多航點〕

算是印度首屈一指的航空公司，印度有些偏遠的航線只有 SpiceJet 有航班。

http www.spicejet.com

貼心小提醒

注意購買的機票是否含直送行李

購買國際機票要注意行李是否可以直接送達目的地機場，有些超低價機票會需要自行轉機，也就是需要在轉機國家入境並取出行李，之後再次辦理入境手續、重新託運行李。比較適合沒有託運行李的遊客。

準備簽證

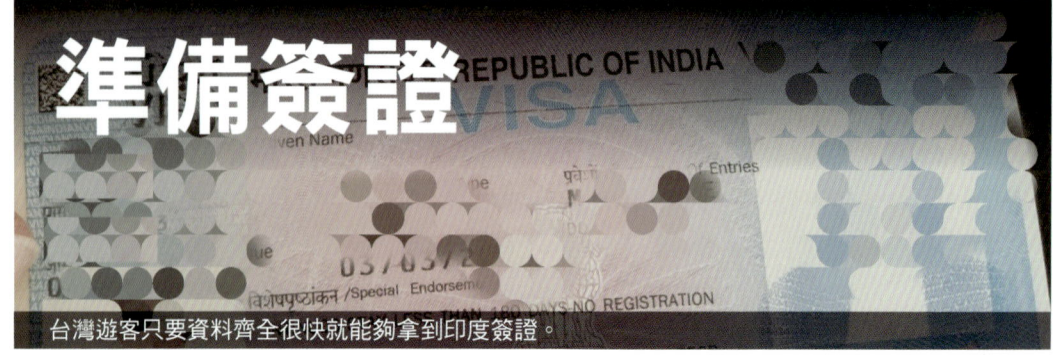

台灣遊客只要資料齊全很快就能夠拿到印度簽證。

使用台灣護照前往印度需，提前辦理簽證，依照入境目的與停留時間，可辦理紙本簽證或者電子簽證。若以短期旅遊為目的則辦理電子旅遊簽證最方便快速。不論你將辦理的是紙本或是電子簽證，都需要上簽證官網填寫申請表格，不同的是電子簽證僅需要在網路上即可完成，紙本簽證則需要將申請表送到印度台北協會(India Taipei Association)辦理。

簽證種類

紙本簽證(Regular Visa / Paper Visa)

紙本簽證類別同時包含電子簽證的種類外，另外還有一年以上的商務簽證、學生簽證、依親簽證等各式可能需要視情況前往印度台北協會進行面試的簽證。簽證核發會是一張貼紙貼在護照內的形式。

電子簽證(eVisa)

印度僅開放以下種類簽證可以上網辦理辦理電子簽證，分別是電子旅遊簽證、電子商務簽證、電子會議簽證、電子醫療簽證以及電子醫療陪同簽證。電子簽證會透過電子郵件核發，只需要將簽證列印出來即可。

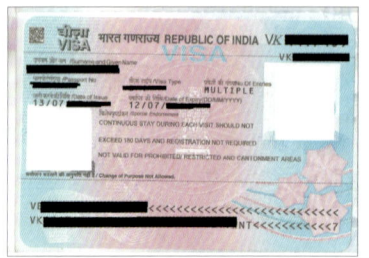

▲紙本簽證樣式　　　　　　　　▲電子簽證樣式

辦理電子簽證

電子旅遊簽證依照停留時間長短又分為單次30天、一年多次進出及5年多次進出簽證。一年以上簽證，每次入境最多停留天數為90天，每一年度不能超過總天數180天，並且不能申請停留時間延長。

申請時機為抵達印度前的30天開放辦理，抵達前4天停止申辦。

■ 費用

- 單次簽證：淡季4～6月，美金10元；旺季7～3月美金25元。
- 一年多次簽證：美金40元。
- 5年多次簽證：美金80元。

■ 所需資料

- 護照PDF檔案：檔案大小不超過1MB，照片需清晰。
- 彩色證件照片：JPG格式檔案，白色背景，尺寸不拘，上傳後可以裁剪。

貼心小提醒

小心代辦簽證詐騙

網路上有許多代辦網站，畫面類似簽證官網，純粹就是收費後沒代辦的詐騙網站。建議代辦簽證還是委託旅行社比較有保障。

留意電子簽證通關的陸路口岸

電子簽證可以從大部分的國際機場入境，如果是走陸路則有限制口岸，出發前記得到電子簽證官網查詢可以使用電子簽證通關的陸路口岸。

電子簽證申辦步驟 Step by Step

 Step 1　前往電子簽證官方網站

印度簽證官方網站網址

indianvisaonline.gov.in/evisa/tvoa.html

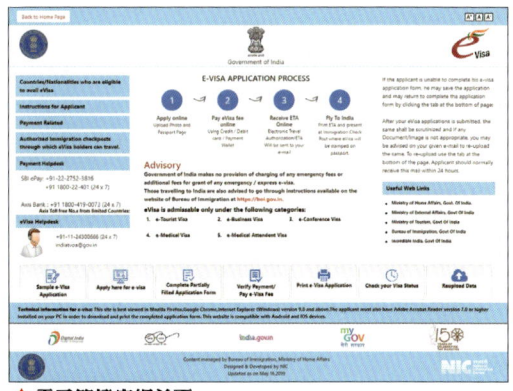

▲電子簽證官網首頁

 **Step 2　點選 Apply here for e-visa**

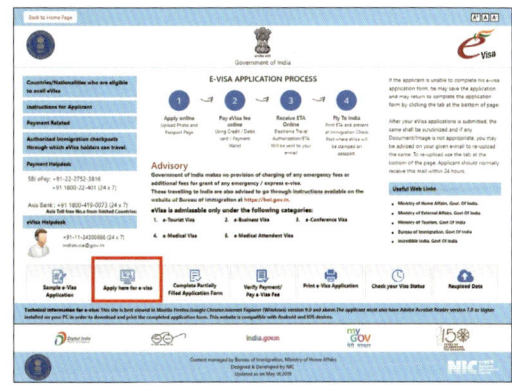

行前準備

開始在印度 **So Easy!** 自助旅行 36

 Step **第一頁：輸入個人基本資料**

請依照順序填表後會收到一份郵件，郵件內有一組臨時 ID，若中途中斷填表，之後可以再次以這組號碼進入完成填表。若沒有收到郵件，請記得將這組號碼筆記下來。

 Step **第二頁：輸入申請人個人資訊與護照資訊**

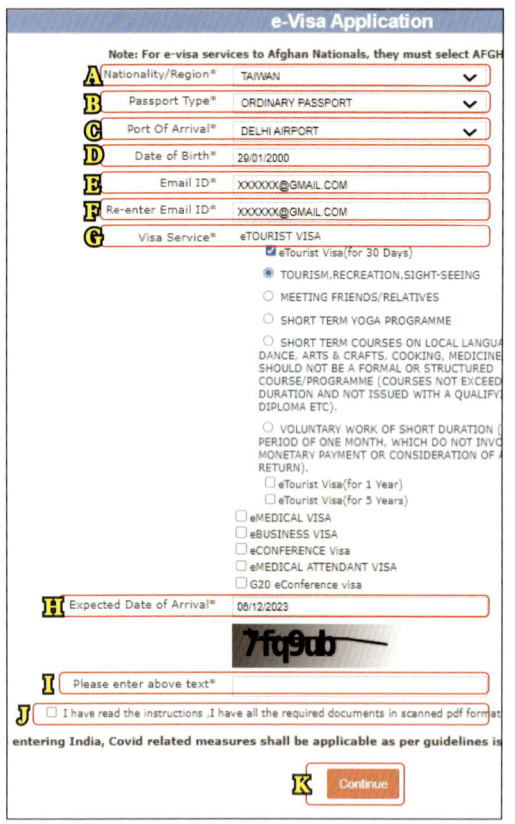

▲ **A.** 臨時 ID（若沒有收到郵件記得把這組號碼筆記下來）／**B.** 填入護照上姓氏／**C.** 填入護照上名字／**D.** 是否更換過姓名（不打勾）／**E.** 性別／**F.** 生日（再次確認你的生日 Step 3 輸入若是與這裡不同就需要從 Step 3 重新開始）／**G.** 出生城市／**H.** 出生國家／**I.** 身分證號碼／**J.** 信仰（如果沒有信仰則填 OTHER）／**K.** 是否有顯眼的身體特徵（直接填 NA 沒有）／**L.** 學歷（成人填寫 GRADUATE 兒童可填 OTHER）／**M.** 再次核對國籍／**N.** 如何取得國籍，選 By Birth 出生國／**O.** 是否在你辦理簽證國家待超過 2 年以上（勾選 YES）／**P.** 護照號碼／**Q.** 護照核發國家／**R.** 護照發照日期／**S.** 護照有效日期／**T.** 是否持有其他國家護照，若是請填寫其他國家護照資訊，若勾選 NO 以下表格自動隱藏／**U.** 選擇存檔繼續下一頁或存檔並離開

▲ **A.** 選擇國籍／**B.** 選擇護照種類（一般護照選 ORDINARY PASSPORT）／**C.** 抵達城市／**D.** 生日／**E.** 電子郵件信箱／**F.** 再次輸入電子郵件信箱／**G.** 勾選簽證種類：eTourist Visa（30 天、一年、5 年）／**H.** 預計抵達日期／**I.** 輸入驗證碼／**J.** 勾選（已經詳讀指南並預備好所需檔案格式）／**K.** 進入下一頁

37 Traveling **So Easy!** in India

行前準備

Step 5 第三頁：繼續填寫住址與家庭資訊

Step 6 第四頁：填寫簽證內容

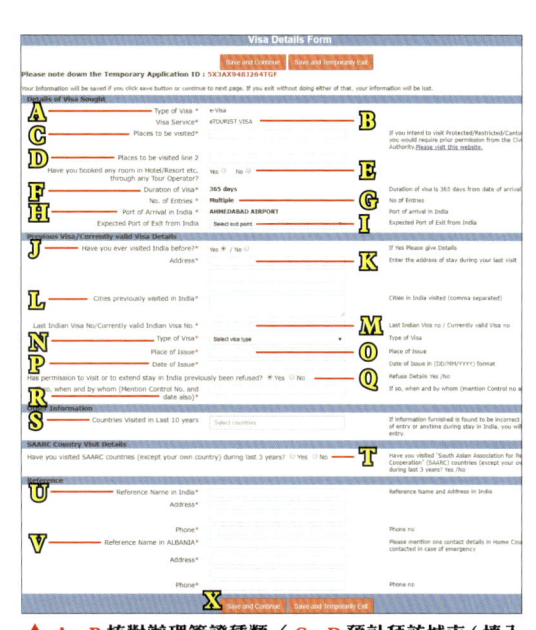

▲ A. 門牌號碼與街道／B. 城市名／C. 國家／D. 縣市／E. 郵遞區號／F. 座機電話號碼（F、G可以填寫相同號碼）／G. 手機號碼／H. 再次確認信箱是否正確／I. 勾選後會複製地址到以下永久地址欄位／J. 父親姓名／K. 父親國籍／L. 父親之前國籍（若無不用填寫）／M. 父親出生地／N. 父親出生國家／O. 母親姓名／P. 母親國籍／Q. 母親之前國籍（若無不用填寫）／R. 母親出生地／S. 母親出生國家／T. 婚姻狀況（若已婚則需要填寫配偶姓名與國籍資訊）／U. 祖父母或者父母是否為巴基斯坦國籍，勾選 NO 則下個欄位自動隱藏／V. 選擇存檔繼續下一頁或存檔並離開

▲ A、B 核對辦理簽證種類／C、D 預計拜訪城市（填入抵達當天與隔天預計前往城市即可）／E 飯店是否透過飯店、渡假村或旅行社預定（可以填 No 即可）／F、G、H 核對辦理簽證時間天數、進出次數限制與抵達印度口岸／I 預計從哪個機場或口岸離開／J. 之前是否曾經到過印度（若勾選 No 後續的欄位 K～P 都不需要填寫，若曾經到過但是已經找不到之前簽證資訊也可以填 No）／Q. 是否曾經被拒簽或者逾期停留？（一律填寫 No 則後續 R. 欄位不用填寫）／S. 過去 10 年曾經到過國家（非必填欄位）／T. 過去 3 年是否到訪過南亞區域合作聯盟國家（填寫 No 即可）／U. 印度聯繫人姓名、地址、電話（若沒有印度聯繫人則填寫第一晚入住飯店即可）／V. 台灣連繫人姓名、地址、電話／X 選擇存檔繼續下一頁或存檔並離開

開始 So Easy! 自助旅行 38
在印度

Step 7　第五頁：自我聲明是否曾經犯罪或是被警察機關拘捕等情況

▶ A. 1～6 點都選 No，若有一項選 Yes 就無法成功辦理電子簽證／B. 勾選。聲明填寫資料都合法且真實／C. 選擇存檔繼續下一頁或存檔並離開

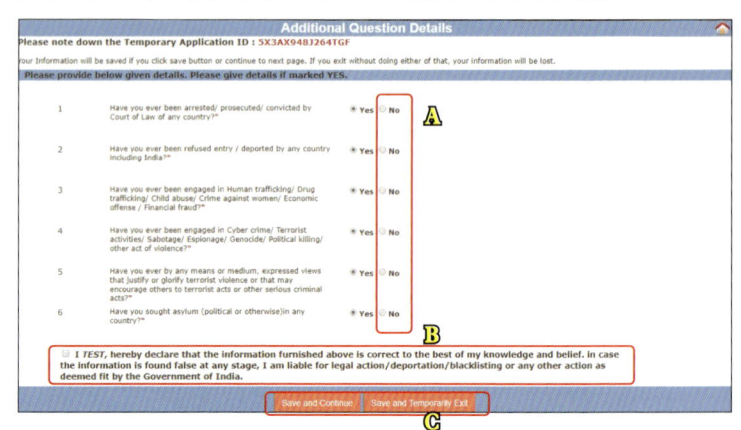

Step 8　第六頁：上傳照片

只能接受 JPG 格式，檔案尺寸 10KB 以上且不超過 1MB 件。

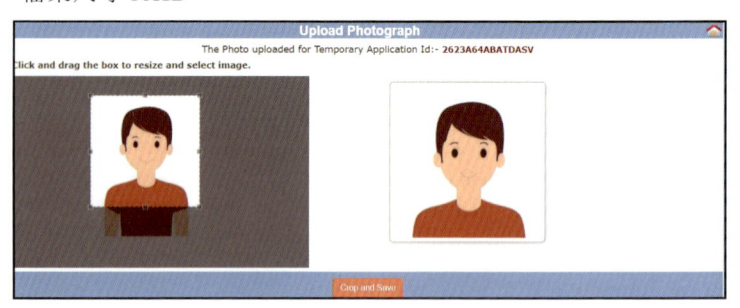

Step 9　第七頁：上傳護照

只能接受 PDF 格式，檔案尺寸不超過 300 KB。要注意護照不能反光或有異物遮蔽，否則容易被要求補件。

39 Traveling *So Easy!* in India

行前準備

Step 10 第八頁：申請表檢查頁

檢查填寫資料是否正確，若錯誤則需要返回之前步驟修正後再繼續。按下「Verified and continue」後會跳出應付款金額，按下確定鍵即可前往付款頁面。

Step 11 第九頁：付款資訊與自我聲明頁

在 Undertaking 欄位選 Yes 。選擇「立即付款」(Yes) 或「稍後付款」(Pay Later)，選擇付款管道 Sbi e-pay、Paypal、Axis Bank 後繼續。接著會引導到信用卡付款頁面，完成付款後則會在信箱收到申請完成的信件，即完成電子簽證申請。

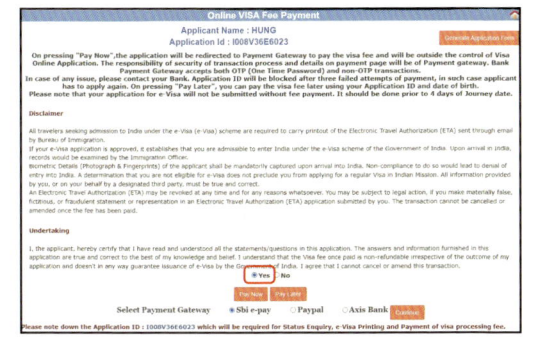

Step 12 收到電子簽證核准郵件

收到簽證核准郵件以後，需要再到電子簽證官網將正式電子簽證印出。在官網的 Check your visa status 點選進入並輸入電子郵件內的 APPlication ID 以及護照號碼，即可查詢簽證狀態。進入查詢結果頁面後，按下 Print Status 即可下載你的電子簽證。

▲發至信箱的簽證確認函

▲電子簽證官網首頁查詢簽證辦理狀態

▲查詢結果頁面，若簽證已核發即可下載簽證

貼心小提醒

信用卡付款失敗免緊張
若遇到信用卡付款失敗，可以嘗試不同付款管道。若是都失敗，那可能要詢問一下信用卡公司是否有鎖定國外網路消費。

郵件不能作為正式簽證
收到簽證核准的郵件不能當成正式簽證，一定要再次前往簽證辦理網頁Print Status列印有證件照片的電子簽證。但郵件核准函也最好列印攜帶備查。

貨幣匯兌

印度使用什麼貨幣？該如何兌換？是否能使用電子支付？

目前台灣銀行尚未提供印度盧比匯兌服務，因此前往印度旅遊攜帶美金或是歐元前往當地兌換印度盧比最方便。印度使用的貨幣為印度盧比(₹、Rupee、INR)，面額則有500、100、50、20、10盧比。在比較大的城市或知名景點周邊，都不難找到針對遊客提供的換匯服務。

區兌換。

若以銀行公告匯率1美元等於82盧比為例，在市區可以換到80～81盧比都是很好的價格，但在機場可能只能換到74～76盧比。銀行也有外匯兌換服務，但銀行通常收取手續費且作業緩慢，所以對於遊客來講，市區街道上的換匯店是較好選擇。

德里市區可以前往康諾特廣場(Connaught Place)，可汗市場(Khan Market)旁的地鐵站出口或者德里美國大使館區的Malcha Marg市集可以找到換匯店面。

貼心小提醒

盡量不要囤積印度紙鈔

印度為了打擊黑金為目的，不時會臨時宣布特定紙鈔即日起停用，所以盡量不要囤積印度紙鈔作為下次旅程使用。目前面額2,000元的紙鈔停止使用，如果手上仍持有可以前往印度儲備銀行(Reserve Bank of India)兌換。

換匯注意事項

- 使用美金百元紙鈔兌換盧比的匯率會比50元或20元美元小鈔好。
- 注意美金有新版(中間有一道藍色防偽線)與舊版，雖然舊版美金在台灣已經不流通，但在印度仍可以使用來換匯，但是匯率會不同。
- 注意不管在機場或是街道上的匯兌地點，換匯前要詢問是否收取手續費。有些店家為了招攬客人而寫的匯率很優惠，但加上手續費反而昂貴許多。
- 在換匯店換錢時，先將你要兌換的美金出示給對方看，對方將相應的盧比當面算給你後才交換紙鈔，避免將美金交給店家先清點然後被掉包或是少了幾張。

現金

要將美金兌換印度盧比，最方便的是在機場出境大廳的銀行匯兌櫃檯兌換，但匯率會比市區的私人換匯店差，可以先在機場兌換少量再前往市

電子支付

　　印度的第三方支付非常盛行，即便是路邊小攤販或者人力車都可接受電子支付。店家會在收銀台或是刷卡機器上出示QR Code，印度稱為UPI或PayTM支付，只限有印度銀行帳戶才可以綁定功能，所以外國遊客無法使用。也因為電子支付越來越被大眾接受，所以店家通常現金很短缺，經常會遇到無法找零的情況，若是找零是硬幣，小店鋪通常會給糖果替代，一個糖果代表1盧比，所以收到店家給你糖果不要太意外。

信用卡

　　使用國際信用卡支付在印度的大型城市普遍且便利，通常購物中心或是餐廳都可以使用國際信用卡進行支付，但仍然有些較小規模的商店不支援國際信用卡。

　　如果使用信用卡支付失敗，可以告知店家你使用的是國際信用卡，有些店家會拿出另外一台可以使用國際信用卡的刷卡機。

　　雖然外國遊客無法使用印度的第三方支付，但信用卡刷卡機都有手機錢包感應支付功能，可以支援手機錢包支付或者Apple Pay。

跨國提款

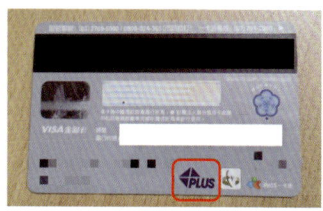

　　出國前可以前往台灣的銀行開通提款卡海外提款功能，優點是不需要攜帶太多美金，或者現金不夠時又無法即時找到換匯地點則可以使用提款機取款。即使在比較小的城市或鄉鎮也能夠輕易找到支援國際提款的提款機。另外，旅行支票在印度並不盛行，所以不建議攜帶。

▲有PLUS的提款卡即可在國外提款機取款

▲百貨商場內的提款機

貼心小提醒

信用卡支付注意事項

　　如果你的手機使用Google Pay，到了印度會自動轉換為印度系統，需要使用印度手機門號綁定印度銀行帳號，所以不能使用。Android系統使用「錢包」功能，就可以在刷卡機上感應支付。

跨國提款步驟 Step by Step

印度較大銀行的提款機通常有支援國際提款卡或信用卡提款功能。常見的有 HDFC Bank、AXIS Bank、ICICI Bank、SBI Ban 等等。記得要找有信用卡 VISA、MASTER 標示的提款機。

Step 1 插入提款卡

依照螢幕指示插入提款卡，有些提款機需要先插卡才能夠選需要的服務項目，有的則相反。

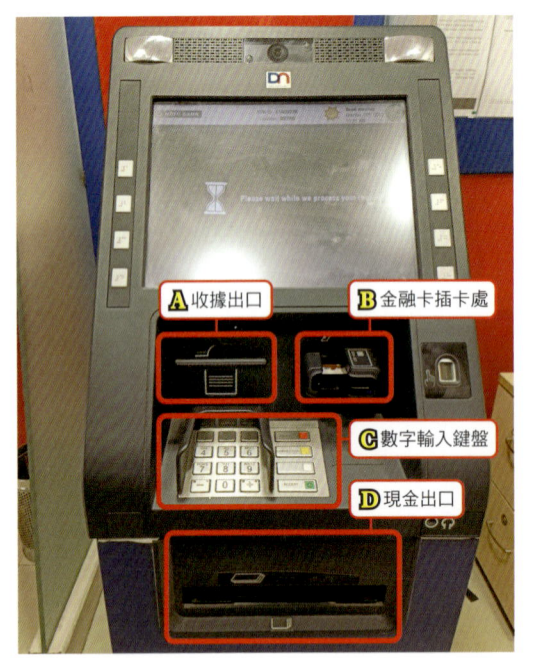

▲ 提供跨國取款功能的ATM標誌

- A 收據出口
- B 金融卡插卡處
- C 數字輸入鍵盤
- D 現金出口

Step 2 輸入密碼

輸入 4 位數的磁條密碼與在台灣提款的 6 位數字晶片密碼不同，需要前往台灣銀行設定。輸入密碼後按前往下一步驟。

▲ 輸入密碼後按下前往下一步

Step 3 選擇「提款」(Withdraw Cash)

螢幕上會有不同的服務選項，取款選 Withdraw Cash 功能即可。

▲ 按此進入取款畫面

Step 4 選擇「帳戶種類」(Credit Card)

不管你使用台灣銀行提款卡或是信用卡都是選 Credit Card 選項。

Step 6 選擇是否自動轉換成發卡國家貨幣

如果選擇自動轉換成台幣 (Continue with conversion) 取款機銀行會使用較差的匯率轉換，所以記得要選「不自動轉換」(Continue without conversion)。

Step 5 輸入提款金額

在數字輸入鍵盤上輸入取款金額並按確認 (Confirm)。每次最多只能輸入 1 萬盧比。

Step 7 完成取款

有的提款機是先取卡後取鈔，有些則是相反。要特別注意不要忘記取卡。

ATM提款注意事項

- 印度銀行 ATM 的取款手續費，依據不同銀行收取約 100～300 盧比一次的手續費，台灣的發卡銀行也需要收取國外提款手續費。而每次提款的金額限制為 1 萬盧比，有的銀行有每日總次數限制，有的則沒有。手續費雖高，但可以做為應急備用。
- 在大城市或機場的提款機比較容易跨國提款機，如果是二線城市或是山區城市，可能比較難找到這樣的服務。建議找 HDFC、AXIS 銀行的提款機都有跨國提款功能。
- 除了台灣銀行的提款卡可以跨國提款，信用卡也有「預借現金」的服務，也要記得出國前先確認信用卡的預借現金密碼，以及可預借的額度是否足夠。

行李打包

印度的道路大多崎嶇不平，不太適合拉著行李箱走在路上。

行前準備完成後就到了打包行李的時候了，建議出發前一週開始預備行李，多留時間預備行李才不會遺漏掉該帶的物品。雖然在印度旅遊途中要購買生活必需品以及日常用品都算很方便，但攜帶慣用的物品會讓旅途更佳舒適。

如何準備行李箱

印度旅遊該帶行李箱還是背包呢？因為印度的馬路狀態不是很好，各種車輛沒有秩序地穿梭在路上，不時還有牛隻也來湊熱鬧。光是空手走路都很挑戰了，何況是拉著行李箱走在路上。建議是，如果你的旅程中全程都有預訂好車輛接送以及搭飛機，使用拉桿行李箱最便利。但若行程以搭火車或巴士來移動，建議選擇登山背包會比較容易移動。有些老城市的巷弄狹窄，一些經濟型或古宅飯店會在老街區內，車輛無法抵達的情況就很適合使用背包。

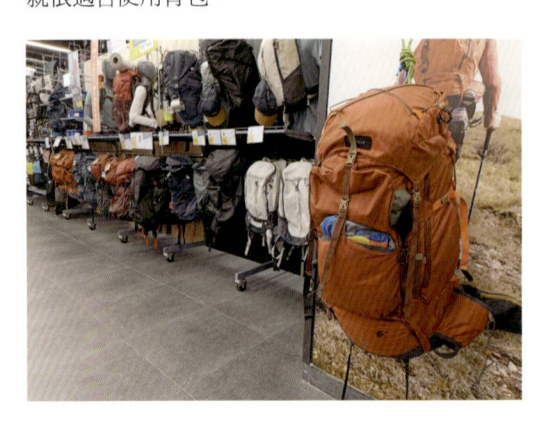

貼心 小提醒

印度知名的老城區

印度有幾個知名的老城區，例如：舊德里、瓦拉納西、藍色城市久德普爾等。有些經濟型或富有特色的住宿會在老街內，不但要找尋住宿位置還要注意沿路的路況，可以事先聯繫住宿飯店幫忙提行李會輕鬆許多。

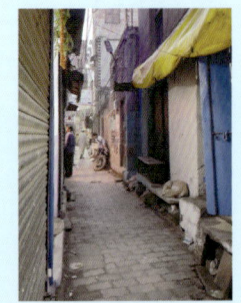

▲ 老城的巷弄

打包技巧

可以預備一份行李清單，這樣更能有效率的打包好行李。善用不同大小的袋子將盥洗用品、內衣褲以及每日要穿的服裝各自分類打包。另外，記得帶一個防水塑膠袋可以把髒衣服裝起來。如果你習慣到當地購買特色的紀念品也記得盡量精簡行李，留點空間裝旅遊戰利品。

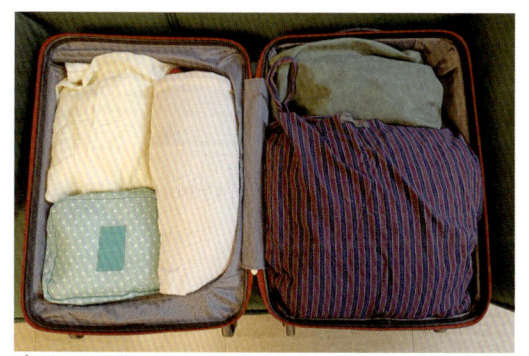

▲善用整理袋將行李分類

▲大於100毫升的保養品或液體，可以放入夾鏈袋內預防溢漏

印度旅遊必備

- 衛生紙：印度人較少使用衛生紙，所以廁所內鮮少提供，若有品質也不佳。可以攜帶一捲衛生紙放在隨身行李內備用。
- 濕紙巾、乾洗手：除了擦手、擦汗還可以擦桌子。搭火車時還可以擦拭座位。
- 雨傘、陽傘：印度除了雨季外，其他季節很少下雨，所以要買到雨傘很不容易，也不用陽傘遮陽，所以自行攜帶會便利很多。
- 毛巾、浴巾：若是入住經濟型飯店，建議自行攜帶洗澡用的浴巾或毛巾。即便是飯店提供的毛巾也不是太乾淨。
- 零食：旅途中部會隨時找到可以吃午餐的餐廳，可以在找到餐廳前止餓用。
- 耳機：搭乘長途巴士或火車很需要有音樂陪伴，戴上耳機也可以暫時杜絕噪音。

貼心小提醒

建議攜帶行李電子秤

攜帶一個行李電子秤，確保行李不超重。若行李超重了也可以預先到航空公司官網購買行李重量，會比到了機場支付超重費便宜許多。

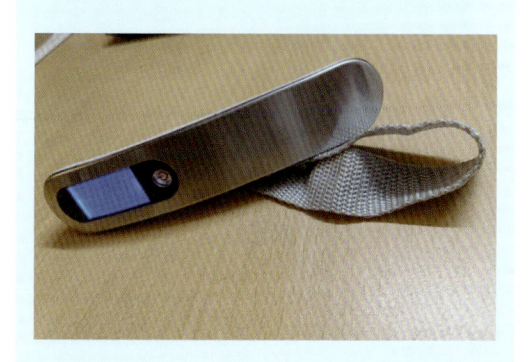

穿著準備提醒

特定景點請留意穿著

在印度的大都市如德里以及孟買，由於較常接觸西方文化，當地的穿著也比較西化，但大部分的地區還是相對保守。若參觀行程有寺廟或清真寺，更要要求穿著保守才能入內參觀。女士避免穿著無袖上衣以及膝蓋以上的短褲，男士也盡量穿寬鬆舒適的長褲為主。

透氣長袖最舒適

在北印度氣候大多是乾熱，南印度則是濕熱氣候，所以穿著寬鬆、透氣的衣服才能舒服的遊玩印度。即便是夏天，印度人也都穿長袖上衣來抵抗炎熱氣候，所以可以預備一件薄長袖上衣套在T恤或無袖背心外面來抗曬。

▲印度遊客的穿搭

建議穿深色好走的鞋

印度旅遊有一雙舒適的鞋子很重要，建議穿深色或是已經舊了預備要汰換的鞋子，因為印度的街道常常塵土飛揚，老城區的街道到處都是牛糞，而著名古蹟景點大多是崎嶇不平的石板路。鞋子好穿脫也是重點，因為進入寺廟內需要拖鞋。

推薦購買「庫塔」穿搭

到了印度也很推薦購買當地服飾：傳統長袍「庫塔」(kurta)，男士跟女士都有長度到小腿或及膝的長袍，使用質感很好的輕薄純棉材質製作，儘管是長袖但夏天穿起來還是很舒服透氣，在長袍下搭配排汗佳的運動褲或是瑜伽褲就很適合。

▲印度女士穿著的庫塔

行李清單(檢查後打V)

行李檢查表

隨身行李 (可隨身帶上飛機,若轉乘國內班機要注意限重7公斤)

V	物 品	說 明
	護照及影本	要檢查是否有6個月以上效期,攜帶影本備用
	簽證及影本	簽證在台灣航空公司櫃檯就會檢查,多印2份備用
	機票	印出機票,進入印度機場需要出示
	信用卡	記得確認可用額度,最好準備2張不同銀行的信用卡備用
	提款卡	若要跨國提款,記得詢問銀行4位數磁條密碼
	證件大頭照	如果要在機場辦理Sim Card記得攜帶2張以上照片
	相機及記憶卡	有需要可多帶幾張記憶卡備用
	小零錢包	把印度盧比分開裝,也可使用小夾鏈袋裝
	手機	可以在台灣開通抵達第一日的國際漫遊,這樣抵達印度機場後不失聯
	行動電源	不能託運,記得放入隨身行李
	水壺	雖然印度街頭或路邊商店容易買到瓶裝水,但還是可以攜帶備用
	免洗餐具	若習慣使用筷子可以自己攜帶
	原子筆	填寫印度入境表格

託運行李 (行李箱或後背包)

	備用藥品	預備個人常用的藥品
	旅遊資訊書籍	印度有些景點不能攜帶書籍入內,例如泰姬瑪哈陵
	遮陽用品	帽子、太陽眼鏡、長袖遮陽外套
	充電器及轉接頭	手機或筆記型電腦的充電器。記得準備轉接頭
	毛巾	若入住較經濟型的飯店,最好自己攜帶薄毛巾比較衛生
	牙刷、牙膏、洗髮精及護髮乳	經濟型飯店通常不會提供,當地購買也很便利
	吹風機	需要攜帶220V適用的吹風機,只有4或5星級飯店會供應吹風機
	衣服	穿著輕便得宜,到印度當地購買服飾也很應景
	正式衣服	若有前往高級餐廳需要穿著正式服裝
	禦寒衣物	視旅遊季節與地區而決定
	鞋子	一雙好走的布鞋、一雙拖鞋
	小提袋	有的景點限制攜帶較大的包進入,可以預備小手提袋裝錢包或手機等小物品

機場篇
Airport

印度全國共有 34 個國際機場，服務品質與規模也符合國際標準。不僅是大城市的機場在建築的設計上非常有特色，還有在高海拔群山之間的山城機場，不管是國際航線跟國內航線都非常的便利。

rrivals

5

Way Out
निकास

認識德里國際機場

牆上伸出的9個巨大金色手印，是德里機場第三航廈最具特色的裝置藝術。

德里國際機場的全名是英迪拉‧甘地國際機場 (Indira Gandhi International Airport)，又簡稱為 IGI Airport，機場代號是 DEL。作為新興的國際轉運交通樞紐的德里國際機場，每年有大約 4,300 萬人次的載客量，每天就有將近 1,500 架班機降落在德里國際機場，除了是印度最繁忙的機場之一，也是全球前 10 大的國際機場。這麼繁忙的國際機場幾乎是 24 小時都是滿滿的人潮，所以不用擔心抵達時間是深夜而顯得荒涼。

德里機場共有三個航廈，第一航廈(T1)、第二航廈(T2)以及第三航廈(T3)，以下分別簡介各個航廈，可以做為購買國際航班銜接國內航班時的時間安排參考。

第一航廈
(Terminal 1、T1)

德里機場第一航廈原本是舊國際機場，現今只做為國內機場使用。疫情後重建的第一航廈為原本面積的3倍大，已經成為印度最大且設備最新穎的國內機場。第一航廈與其他兩個航廈間並不相連接，而是在第三航廈外，約7公里遠的距離。以下是第一航廈交通設施。

航廈間接駁巴士

從第三航廈有24小時營運的接駁巴士往返第一航廈，單程票價40盧比。

地鐵站

在第一航廈的地鐵站是桃紅色線(Magenta Line)的「第一航廈站」(Terminal 1 IGI Airport)，營運時間是6～23點。從這個地鐵站可前往德里市區並轉乘其他路線的地鐵。

計程車

有預付計程車以及APP叫車的 Uber 以及 OLA。

貼心 小提醒

請嚴格遵守入境規定

印度機場的安檢都非常嚴格，尤其是德里機場。請勿幫別人攜帶物品入境印度，例如超過限額的黃金、珠寶等，也不要攜帶大額的現金進出印度。印度的法律非常繁複，以及司法系統腐敗的情況下，請務必遵守當地的法令以免陷入不必要的麻煩。

第二航廈
(Terminal 2，T2)

國內航線機場，與第三航廈相連，只提供給廉價航空Indigo及SpiceJet等少數航空公司的國內航線使用。從第三航廈步行即可抵達第二航廈。

第三航廈
(Terminal 3，T3)

國際航班一律在第三航廈起降，也有部分的國內航線，遊客則是從第三航廈通過海關查驗進入印度，所以若要前往德里市區也是從第三航廈出發。第三航廈是一棟5層樓的建築，地面樓0樓是入境的抵達樓層，1樓是出境的出發樓層。

為了管制機場大廳的人潮，只有搭乘當日班機的乘客於班機起飛前4小時內才能進入機場，沒有機票的人則無法進入機場。不僅是德里國際機場，全印度的每一個機場都是同樣的規定，並且在進入機場大門前會由機場駐軍仔細地檢查護照與機票才能進入機場內。

若搭乘印度國內班機，一律要預先辦理登機手續，起飛前48小時開放線上登機作業，最遲於2小時內要完成。可於機場的入口找到列印登機證的機器，也可以將登機證存在手機內。由於印度機場普遍自動化，所以機場安檢都需要刷登機證條碼，若可以印出紙本會加快條碼讀取速度。

目前印度正在推行機場數位化，無紙化以及數位人臉辨識系統，稱做Digi Yatra。但目前只適用於印度本國人，在機場入口有專屬的排隊路線，要注意不要排錯隊伍。

豆知識
印度的樓層標示

在印度的樓層標示方式與台灣不同，通常地面樓層是0樓或稱為Gound Floor即是台灣的1樓。印度的1樓則是台灣的2樓。印度有些商場、辦公大樓或飯店有更複雜的樓層標示，例如在0樓與1樓間還有夾層Upper Ground(UG)及Lower Ground(LG)，注意按電梯的時候不要搞錯。

無線網路

想要使用德里機場內的免費無線網路，需要輸入電話號碼後才能獲得一次性密碼 (OTP)，但輸入國際電話號碼有很大機率收不到密碼。這時可以找服務臺索取網路密碼，也可以在機場內找尋提供無線網路 Wi-Fi 密碼的機器 (PASSWORD VENDING KIOSK) 索取密碼。Wi-Fi 密碼機不多，可以在填寫入境卡處或出境大廳服務臺旁找到。

▲ 無線網路 Wi-Fi 密碼機器 (PASSWORD VENDING KIOSK)

使用Wi-Fi 密碼機步驟 Step by Step

Step 1 掃描護照

將護照的資訊頁翻開並放至掃描窗口進行掃描。

Step 2 取出密碼紙

護照成功掃描後，密碼紙會從機器印出。

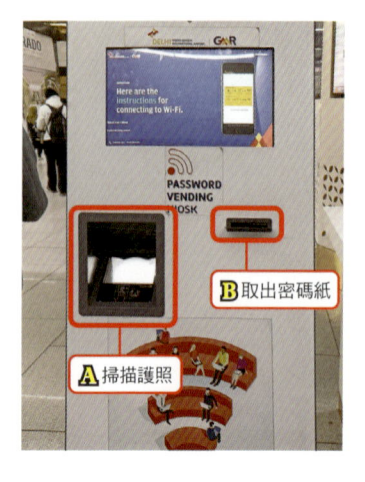

Step 3 於手機上輸入密碼

選擇無線網路名稱 GMR-Free-WIFI 後自動連線到網頁並點擊 Coupon 這個選項。輸入 KYC ID 以及密碼 (Coupon Code) 即可連接上網路。

A 掃描護照
B 取出密碼紙

53 Traveling **So Easy!** in India

機場篇

網路卡與電話服務

如果抵達時網路尚未開通或者Wi-Fi無法使用，可以找印度電信公司 Airtel 設置的付費市話(Airtel Pay Phone)，但需要支付現金，付費後可以請服務生幫忙撥打電話。

▲印度中央銀行(SBI)提款機與電信公司Airtel手機網卡販售點(僅此一家)

▲電信公司 Airtel 手機網卡販售點

▲可以使用 Airtel 的座機服務，繳現金給服務生他會幫你撥號

外幣匯兌服務

德里機場內於抵達後的入境大廳，取行李處可以找到兌換外幣的服務櫃檯。走出機場管制區外面也可以找到換匯櫃檯。

提款機

除了使用外幣兌換印度盧比的服務，也可以使用ATM自動提款機進行跨國提款。(跨國提款詳情請參考P.41)

▶提款機

美食區

步出機場出口後，在紅色大門6號門的左側是24小時營業的美食區，可以使用現金支付，也接受信用卡。若要在機場等人，這裡是安全又舒適的選擇。

印度入出境步驟

出發前務必再仔細核對簽證上姓名、護照號碼與簽證期限等。

經過長時間的飛行終於抵達印度機場，只要持有合格入境簽證且有正當入境理由，通常可以很快完成手續並離開機場，這裡我們將以德里國際機場為例，教大家一步步完成手續離開機場，並開始印度探索之旅。

▲朝著「Foreign Nation - All Visa」的標示進入海關櫃檯查驗護照

入右邊區域後要繼續往前走到最後面，50 號以後就是電子簽證專屬櫃檯。

入境步驟

Step 1 班機落地機場

走出機艙後依照指示前往海關，只要沿著 Exit 方向走即可。

▲跟著 Exit 方向走

Step 2 查驗護照

在前往海關查驗前需要先填寫好入境卡 (Arrival Card)，只有非印度國籍旅客需要填寫 (填寫範例參考 P.56)。

填好入境卡後跟著標示往前走下電動手扶梯，外國人海關查驗在右邊，若持電子簽證 (e-Visa) 進

▲入境卡填寫櫃檯

Step 3 領取行李

護照查驗過後會先通過免稅商店區才會到行李提取處。另外，在行李轉盤處也可以找到換匯櫃檯。

▲行李轉盤旁可找到換匯櫃檯

Step 4 行李申報

德里國際機場採隨機方式抽驗行李，出口會有海關人員指示是否要過X光機，若沒有被抽驗直接走向出口即可。

▲海關查驗通道，被抽驗才需要過X光機

▲沿著Exit方向走

貼心 小提醒

入境印度免稅品限額

1. 現金不超過5,000美金；酒精2公升；香菸100支；雪茄25支。
2. 黃金不超過10萬盧比價值。18歲以上可攜帶筆電一臺。空拍機則可能會被扣留。相關規定可查詢旅客資料網站。

http reurl.cc/p5zEo4

Step 5 離開機場

通過海關申報通道後的出口仍算是管制區，在這裡舉牌接機的通常是五星級飯店預約的接機服務，需要購票進入並且通過安檢才能進到這個區域接機。走出紅色的出口(Way Out)才是真正離開機場，並且通過這道門後就不能再往回走進機場。**請注意** 國際班機抵達是Way out 4、5、6。紅色門5號對面柱子是16號柱子。若有人前來接機，記得與來接機的人說好在幾號門或者幾號柱子等候。

▲出口(Way Out)

填寫入境卡(Arrival Card)

前往印度的班機上，有的航空公司會分發空白的入境資料卡給旅客填寫，或是可以在入境海關檢驗櫃檯處找到空白表格。以下是填寫範例，請注意部資訊都需用英文大寫字母，一個單字一個格子。

1. 護照上姓名
2. 出生日期：日／月／西洋年
3. 護照號碼
4. 抵達印度的航班號碼
5. 抵達日期：日／月／西洋年
6. 過去6天內去過的國家
7. 印度地址：填寫入住飯店地址
8. 電話號碼：可填台灣電話，需加台灣國碼+886

填好之後在左下空格簽上英文姓名

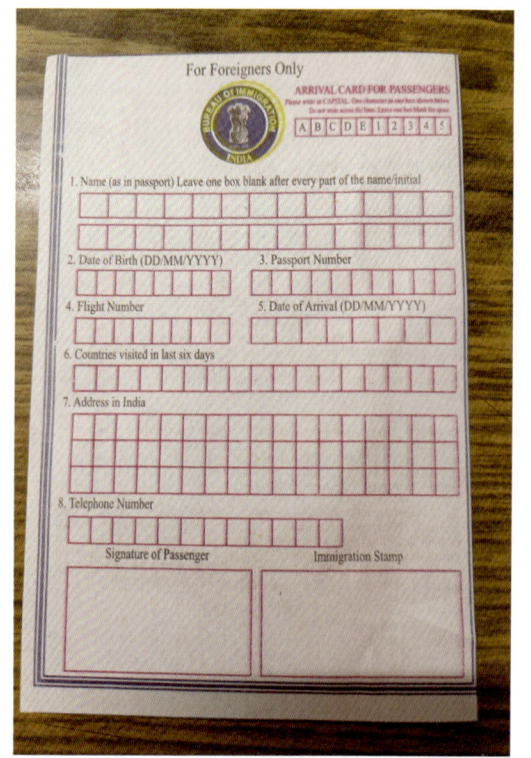

▲空白入境卡

貼心小提醒

建議先拿入境表再去排隊

如果班機上沒有拿到空白入境表，建議在櫃檯處先拿表格再去排隊，邊排隊邊填表節省時間。最好自行攜帶一隻筆，表格櫃檯的筆經常不夠用。

轉機步驟

德里機場內只有國際轉機的櫃檯。若搭乘國際班機抵達德里機場後需要轉搭印度國內航空，即使是國內班機也同樣在第三航廈，仍需要完成入境通關手續並領取行李後，再次進入機場做國內航線的登機手續。因此建議國際航班銜接國內航班的時間不要太緊湊。

▲印度國內轉機必須先提取行李通過海關後，再前往轉機

出境步驟

離開印度的班機大多是晚間21點以後的航班，通常從市區前往機場的時間會遇上下班的交通尖峰時間，機場附近的塞車情況嚴重，建議交通時間保留彈性。

從德里國際機場搭機離開印度也是從第三航廈，出境樓層是1樓國際出發(Departure)。不管是登機手續或是出境的行李安檢都要花上不少時間，建議班機起飛3小時前抵達機場。

57 Traveling **So Easy!** in India

機場篇

Step 1 進入出境大廳

由於人流管制，抵達機場後要注意一下看板，鎖定哪個入口的排隊等候時間較短，尖峰時刻也有人引導。

Step 2 辦理登機手續

查看出境大廳的班機資訊看板，找到搭乘航班的櫃檯辦理手續。

Step 3 出境查驗與安檢

拿到登機證後，請帶著護照前往排隊等候出境查驗。出境不需要填寫出境卡。

請注意 不能攜帶超過 2 萬 5 千元盧比現金離開印度，以及不超過 1 萬美金等值外幣出境。

除了超額現金外，請留意不能攜帶管制物品出境，例如珍貴木材、數量過多的手機 Sim Card，以及禁止出口的高級羊絨圍巾。印度法律非常嚴格，也絕對不要幫忙攜帶未經自己打包的行李出入境。

Step 4 逛免稅商店

進入機場管制區後，除了免稅商店還有 24 小時營業的餐廳與商店，可以把握最後時間採購印度特色紀念品。印度知名品牌的保養品與服飾在機場也都設有專櫃。

Step 5 等候登機

最遲於表定登機時間前 30 分鐘抵達登機口，請注意班機動態螢幕，留意是否有登機口是否有變更。

行家祕技　網路辦理登機更方便

可以於出發前24小時於航空公司官網辦理網路登機手續(Web/Online Check in)，到了機場即可以前往託運行李專櫃，即可直接辦理行李託運，如此一來可以省下不少排隊時間。轉機航班則要與航空公司櫃檯確認行李是否會託運到目的地國家。

德里機場前往市區

前往市區的交通有多樣的選擇，依據班機抵達時間提前規畫好交通方式。

德里機場位於市中心的西側，到市中心約30～50分鐘車程。機場周邊交通幾乎天天塞車，尤其時間越晚塞車越嚴重，加上從台灣前往印度的班機通常在晚間21點以後抵達，出了機場再到飯店通常都已經半夜了，因此事先規畫好從機場前往位於市區飯店的交通就格外重要。

當你尚未踏出機場大門，還在等候領取行李的同時，在行李轉盤周邊的柱子上都可以找到離開機場的交通指引告示牌。可以依據你的班機抵達時間挑選合適的交通工具。

雖然德里機場越晚越熱鬧，即便到了半夜1～2點依舊是人潮洶湧，但大眾運輸沒有營業到這麼晚，所以外國遊客經常搭乘預先安排好的機場接機服務，或是搭Uber計程車前往市區飯店。

貼心 小提醒

當心非法司機拉客

國際抵達出口處人多且混亂，常常有非法拉客的司機伺機找遊客搭訕，佯裝熱心幫忙並告知可用低於機場計程車的價格，載你前往要去的地點。當遊客上車後，可能會發生半途停車並索取高額費用，否則威脅不繼續前行。因此要提高警覺不要輕易相信陌生人。

以下介紹如何從德里機場第三航廈前往德里市區的幾種方式，可以依據搭乘時間選擇交通工具，以及人數多寡來選擇車款。

計程車 (Taxi)

搭乘計程車是離開機場最方便的方式，24小時都可以隨時出發。德里機場的計程車選項有4種，分別是手機APP叫車（APP Base Taxi）、機場特許

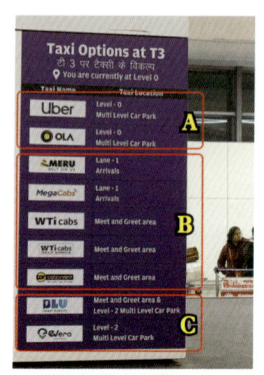

▲ 機場交通指引，此告示牌在每一條行李轉盤旁柱子可找到

A.APP 叫車、B. 機場特許計程車（Airport Authorised Cabs）、C.APP 叫車電動車　▲ 機場計程車種類

計程車(Airport Authorised Cabs)、公辦預付計程車(Prepaid Taxi)以及預約機場專車接送服務(Car Rental Service)。

APP 叫車
(APP Base Taxi)

也就是共享計程車 Uber 與 OLA。OLA 是印度版的Uber，乘車地點要前往停車場大樓的地面(Level 0)，此處設有Uber以及OLA的叫車專區(Uber叫車方式可參考P.29)。

▲ 找到Parking 就可以找到Uber/OLA專區

機場特許計程車
(Airport Authorised Cabs)

MERU、MegaCabs、Wticabs 都是政府特許的機場計程車，只限機場出發的行程。這幾家機場計程車的位置比較好找，出了機場即可看到在15或16號柱子處。價格由櫃檯服務人員依照你要前往地點報價並預付。

▲ 無線電叫車

▲ 無線電叫車的上車處

公辦預付計程車
(Prepaid Taxi)

位置位在紅色5號門前，過馬路即可看到購票亭。可以告知售票員預計前往的地點，繳費後會收到乘車單，售票員會告訴你乘車島編號，把乘車券繳給司機即可乘車。黃色車頂與黑色車身的車款就是預付計程車，只能在德里市中心運行。

▲ 預付計程車售票亭 　　▲ 乘車島

預約機場專車接送服務 (Car Rental Service)

最方便的方式就是預先向旅行社訂購機場接送服務,雖然價格會稍高於一般計程車,但是不管是車輛的品質或是司機的素質都比其他計程車好。也可以請即將入住的飯店安排車輛接送。

貼心小提醒

建議預約評價好的接送公司

由於大部分從台灣前往德里的國際抵達班機都在晚間抵達,有時候完成整個入境流程都已經超過晚上12點,所以預訂機場接送時要挑選評價好的接送公司,以免抵達機場沒有人來接機。不要相信機場出口主動攀談拉客的私家計程車。

行家祕技 如何辨識計程車或私家車?

印度的車牌顏色依照車種有以下幾種顏色。
- 白色車牌:私家車
- 黃色車牌:計程車、營業用車
- 綠色車牌:電動車
- 藍色車牌:大使館用車

機場接駁巴士 (Shuttle Bus)

在德里機場第三航廈提供兩條接駁巴士路線,分別是前往第一航廈的接駁巴士,與前往公眾轉運中心(Public Transportation Centre,PTC)的巴士。前者會比較合適外國遊客轉國內航線或是搭乘德里地鐵。

第一航廈接駁巴士

可於德里機場出口外的第10號柱子位置搭乘巴士,若是持有轉乘國內航班的機票可以免費搭乘,需要先到接駁巴士服務臺索取免費乘車券,若沒有機票則需要支付40盧比乘車,車程大約20分鐘。

▲接駁巴士乘車處

搭乘機場快線步驟 Step by Step

▲前往T1巴士

■ PTC免費接駁巴士

第二種接駁巴士位於第9號柱子處，會接駁前往公眾轉運中心(Public Transportation Centre，PTC)，此為免費。轉運中心有大眾巴士前往德里以外的其他城市。

機場快線
(Airport Express Line／Orange Line)

德里機場第三航廈到市區的另一個交通方式是機場快線，從德里機場到德里市中心只需要20分鐘，是最快速抵達市區的交通方式。機場快線從早晨04:45第一班車運營到晚上23:30，第一站會停靠德里機場旁的航空城(Delhi Aerocity)，最後一站會抵達新德里站(New Delhi) 即是德里火車站。在新德里站也可轉成市區的一般地鐵(Delhi Metro)。

Step 1 前往地鐵站

從機場抵達大廳出口5號門出來，前往第14號柱子可以看見前往地鐵站的斜坡，或走到3號門後過馬路前往地鐵站。

Step 2 進行安檢

進入地鐵站一率都要檢查隨身行李以及通過電子檢查門。

Step 3 購票

排隊購買地鐵票，需要現金購票。若只需要購買機場快線的票可以排 1 或 2 號售票口；若到達新德里站後需要轉乘德里地鐵，則可於 3 號售票口排隊。

Step 5 候車

搭乘手扶梯下樓到搭車月臺，前往德里市區要到 3 號月臺候車。

Step 4 驗票進站

購票完成後會拿到一張印有 QR Code 的紙張，掃描即可進站。

Step 6 乘車

車上有行李放置架，放好行李後找尋空位座下，車廂前方顯示螢幕有到站資訊。

請注意 若要到德里市區其他景點，可提前一站於 Shivaji Stadium 站下車後轉搭計程車，人潮會比較少。

行家祕技：在機場購票人潮較少

若只需購買機場快線票，可在機場抵達樓層第 15 號柱子處的售票亭購票，排隊人潮會比地鐵站少很多。

德里機場的便利服務

為了讓遊客的出行更為便利，因應印度的民情而衍生出的服務。以下資訊可以在德里機場官網中找到，遊客在計畫行程時也可以善用。

德里機場官網
www.newdelhiairport.in

貴賓接送機服務

德里機場提供付費的貴賓級接送服務，有專人協助入出境或是轉機，若是入境印度，服務人員會在登機閘口迎接並安排電動接駁車，一路服務到送出機場為止，適合年長者及幼兒遊客選用。

需要於網站上預約並付費，依照服務等級費用約4,500～6,500盧比不等。

www.newdelhiairport.in/meet-greet-services

行李寄送服務

印度很難找到行李寄存的服務，除了寄放在入住飯店外，也可以使用機場行李寄送服務運送到下一個目的地。這項服務也可以寄送至其他國家。行李超重時也可以運用。

寄送位置：德里機場第3航廈，靠近4號門。

www.newdelhiairport.in/excess-baggage-delivery

輪椅服務

所有航空公司都會提供免費的輪椅服務，但這項服務在印度被用得最廣泛。印度人喜歡被服務的習慣也可以從此看得出來，在印度機場登機時，通常需要等候數量眾多的輪椅隊伍先行登機。若有需要，可以直接到航空公司官網登記。

貼心小提醒

印度的機場管制嚴格，若進入機場大門安檢後，又因為個人因素取消搭乘班機，乘客無法自由走出機場，必須由原搭乘航班的航空公司人員陪同，並向安檢人員說明原因才可以離開機場。

機場篇

交通篇
Transportation

印度走透透,該用什麼交通工具?

印度面積廣大,城際間的景點距離都很遙遠,有多樣的交通工具可供選擇,國內班機、火車、巴士或是旅遊公司的包車服務等等。市區內則可以使用地鐵、計程車、嘟嘟車或人力車。有些地區還可以搭乘特色交通工具來遊覽城鎮。

Towards HUDA City Centre Towards HUDA City Centre Attention Please !

Please Stay Behind
The Yellow Line
on Platform.

德里大眾運輸系統

德里市區的交通很壅塞，有時候還會有動物來湊熱鬧。

作為印度首都的德里交通非常繁忙，加上市中心不只有政府辦公室，還有陸、海、空軍基地，不時會有突發性的交通管制讓原本就繁忙的交通更加混亂。尤其是週一的早晨與週五的下班時段更加嚴重，因此建議在規畫德里市區行程時不要太緊湊，交通時間最好預留多點彈性。

地鐵站安檢

由於德里地鐵曾經發生過爆炸攻擊事件，所以安全檢查相當嚴格。旅客除了需要通過「金屬探測門框」，男女必須分開走不同的檢查通道並搜身。行李與手提袋一律都需要經過X光機器，裝有液體的瓶子，可能會被要求取出檢查，攜帶酒精則會被拒絕搭乘。**請注意** 在重大節日例如：共和日、獨立日都會更加嚴格的安檢。

德里地鐵

德里的地鐵四通八達，目前通車的路線已有10條線，都是以顏色來命名，在市區內搭乘地鐵並搭配嘟嘟車，幾乎可以前往任何一個地點。最早的黃線(Yellow Line)與藍線(Blue Line)是遊客參觀景點最便利的兩條線。

搭乘地鐵的優點是可避開嚴重塞車、避免尖峰時間叫不到計程車的問題，缺點是熱門路線搭乘人數太多。

▲每個地鐵站都有具有特色的裝置藝術值得參觀

豆知識
德里地鐵吉祥物

2012年一位婦女在地鐵車廂內誕下一名女嬰，為了感謝德里地鐵，女嬰的父母將她取名Maitree(友誼之意)，隨後德里地鐵公司將Maitree做成了吉祥物。

地鐵路線圖

在購買地鐵票之前，要先查詢預計前往的站名，地鐵站內通常只有簡單的路線標示，若要找地鐵路線的完整資訊可以上德里地鐵官網，或使用官方APP。

■ 德里地鐵官網路線圖

www.delhimetrorail.com/network_map

■ 德里地鐵官方發行APP

▲ DERC TRAVEL APP　▲ DMRC MOMENTUM APP

購票方式

德里地鐵站鼓勵乘客使用自動售票機，以減少排隊時間。建議乘客發現自動購票機無法購票再前往櫃檯購買，每個地鐵站的設置不太相同，有的是先購票再安檢，有的則是相反。

▲ 售票櫃檯，大部分在離峰時間都會暫停使用

地鐵票票種

票券有兩種，一種是一次性搭乘的票券，另一種是可重複儲值的地鐵卡。

■ 一次性票券（QR Tickets）

記得保管好，若遺失或破損就要再購買一張票。

▲ 一次性搭乘票券

■ 可儲值地鐵卡(DELHI METRO SMART CARD)

地鐵卡不計名，需要到售票櫃檯購買，第一次購買需支付200盧比，其中30元是押金，每次的儲值金額最低就是200盧比。卡片可以退回並退款。

▲ 地鐵卡 200 盧比

搭乘地鐵

閘門感應票券或是地鐵卡即可進站。

▶ 驗票閘口

▶ 票券感應區

▶ 搭乘什麼顏色線就跟著顏色腳印走

自動售票機購票步驟 Step by Step

Step 1　尋找自動售票機

自動售票機通常只接受信用卡或是電子掃碼支付，少數則可以使用現金支付。售票機旁通常會有服務人員協助兌換小鈔。

A.資訊顯示螢幕／B.信用卡密碼輸入處(僅限印度卡)
C.插入地鐵卡處／D.插入現金處(要找接受現金的機器)
E.信用卡插槽(僅限印度卡)

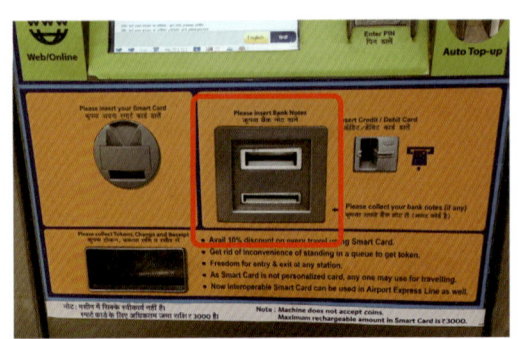

▲接受現金的售票機，現金插入處

Step 2　選擇語言

售票機預設語言通常是印地語(Hindi)，有英語介面可以選擇。

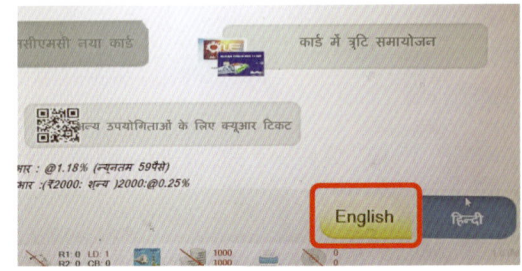

▲選擇「English」

Step 3　選擇購買一次性票券

這個畫面可以選擇購買一次性的票券或是為地鐵卡儲值。

▲選擇綠色 QR Tickets 購票

行家祕技　女性專屬車廂

如果你是女性遊客，可以選擇搭乘女性專屬車廂，每列車的第一節車廂即是，也會有清楚的指引標示。男士誤入車廂可是會被正義的女乘客趕離，誤入者還會被罰款。

▲女性專屬車廂候車處

69 Traveling **So Easy!**
in India

Step 4 輸入站名

輸入你要前往的站名，可以使用字母輸入、依照區域選擇，或是使用地圖尋找站名。

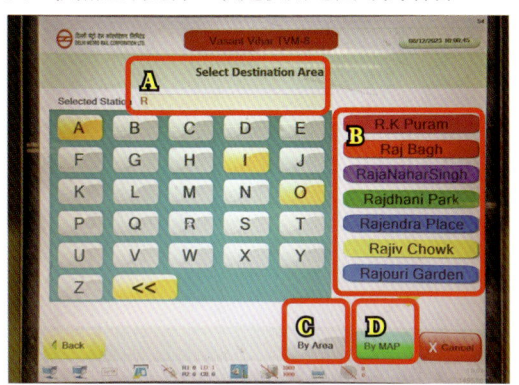

A.輸入站名首字字母／B.列出相關站名後點選要前往的站
C.也可以依照區域選擇站名(By Area)
D.或者顯示地鐵全圖(By Map)來搜尋站名

Step 5 購票張數

輸入要購買票券的數量。

▲點選數字

貼心 小提醒

自動售票機感應不良怎麼辦？

自動售票機的支付方式，只有現金選項適合外國遊客，但機器對於較舊或是有折痕的紙鈔經常感應不良，如果機器旁邊有服務人員可以和他兌換紙鈔，或直接前往櫃檯購票。

Step 6 選擇付款方式

畫面上有三種付款方式，外國遊客能使用的只有現金付款。

▲選擇Payment By Cash以現金支付

Step 7 付款

依照螢幕顯示金額插入現金紙鈔，或是硬幣。

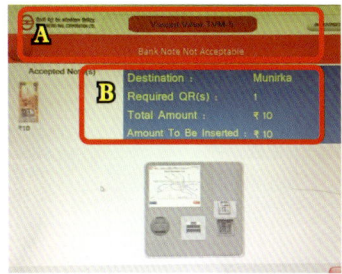

A.表示不接受紙鈔或硬幣
B.購票資訊 站名、票數、金額

Step 8 完成購票

付款後票券會從出票口印出，若需要找零錢，零錢會跟著票券一起吐出。

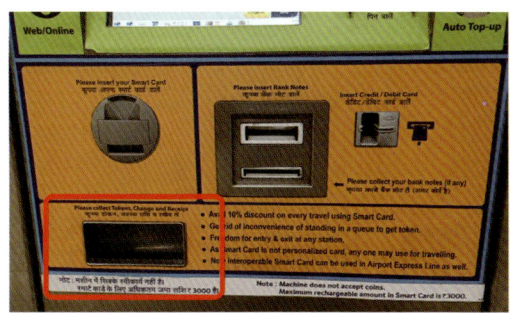

▲取票與找零錢處

計程車

在德里市區內，計程車是常見的交通工具之一。但你不會在路上看到標有 TAXI 字樣的計程車。德里最傳統的計程車是黑色車身、黃色車頂，需要透過電話預約。隨著越來越多人改用 APP 叫車，傳統計程車的數量逐漸減少，如今主要出現在機場或火車站等地。

在德里市區，大部分的計程車都以白色車身搭配黃色車牌為主，並且車身側面會加上黃色或綠色的飾條作為識別。Uber 或 OLA 的車輛，有些會在車身側面或玻璃上貼有公司的 LOGO，不論什麼車款，乘客都須對照車號是否與 APP 相同。

在德里市區及周邊的衛星城市，使用 APP 叫車已成為多數人的習慣，這主要是因為 Uber 和 OLA 等平臺提供的車資相對低廉。然而，這些計程車的車輛品質和司機素質與其他先進國家相比仍有差距。由於成為 Uber 司機的門檻不高，再加上印度的階級文化影響，導致司機的素質參差不齊，車輛衛生問題也時有發生。因此，透過 Uber 系統中的評分制度來篩選司機，是確保乘車體驗的有效方式。

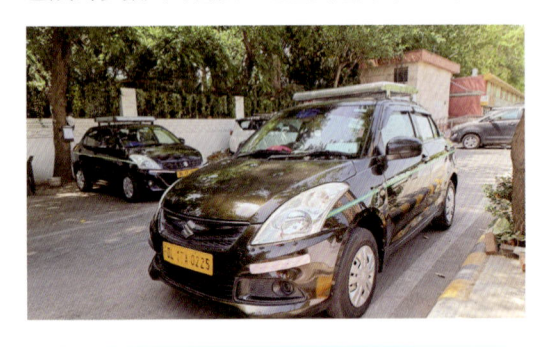

計程車 APP

- **Uber**：國際連鎖線上叫車 APP，可依照不同人數選擇車款，還可選擇摩托計程車及電動人力車的選項(詳見 P.29)。

- **OLA**：印度創立的叫車 APP，較受印度本地人喜愛，外國遊客無法使用線上支付，但可以選擇現金支付選項。車輛與 Uber 相同，通常司機都會同時安裝 Uber 與 OLA 兩個平臺。

- **BluSmart**：印度最新的線上計程車品牌，都採用電動車作為計程車。由於充電設施的限制，目前主要集中在德里市區運營。相較於傳統計程車，這些電動車更新穎，環保且現代化，但價格通常會略高於傳統計程車。

▲ BluSmart 電動車款（圖片來源：BluSmart 官網）

豆知識 卡利霹靂

傳統的黑黃計程車已成為孟買的象徵，印度人稱這種計程車為「卡利霹靂」(Khaali-Peeli)，Khaali 在印地語中代表黑色，而 Peeli 則是黃色。雖然老式車款已經被淘汰，但當地的計程車依然保留了黑黃相間的設計。

車款選擇

- Uber 和 OLA 提供多種車款選擇，像是 Uber Go 和 OLA Mini 這些較小型的車款，適合兩人乘坐；Premier 車款則可能是轎車或中型休旅車。4～6 人則可以選擇 XL 車款。
- 有些車款使用壓縮天然氣 (CNG)，因此後備箱通常會放置燃氣筒，若有行李需求，建議選擇較大的車款。使用 CNG 的 Uber 車輛在行程途中可能會前往加氣站加氣，依照規定，乘客需要下車等候，加氣過程大約需要 5～10 分鐘。

貼心小提醒

並非每個城市都有 Uber

在印度，並非每個城市都可以使用 Uber。因此，建議前往 Uber 官網查詢目前在印度有運行服務的城市。若遇到大型宗教節日期間，叫車難度也會增加。

請留意深色車窗的車輛

印度禁止車輛使用有色玻璃或貼隔熱紙，目的是防止車內發生犯罪行為，遊客應特別注意裝有深色、無法透視車窗的車輛，因為這類車輛可能違反當地規定。

歐拖

在印度無論哪個城市，當地居民最喜愛的交通工具就是電動車 (Auto rickshaw)。外國遊客可能會覺得這種車輛與泰國的嘟嘟車相似，但印度人稱之為「歐拖」(Auto)，是 Auto Rickshaw 的簡稱。在地鐵站或火車站附近，總能看到一排排的歐拖司機招攬客人。對遊客來說，短程搭乘歐拖是一種有趣的體驗，但由於這些車輛常常不遵循交通規則，隨意穿梭於繁忙的馬路上，搭乘過程可能會相對危險。

在德里，歐拖通常不使用計價器，尤其是面對外國遊客時，司機常會漫天要價。若在鬧區，如果有多位司機積極攬客，這時更容易議價。通常 1～2 公里的路程可以從 40 盧比開始議價，而 3 公里的路程則不應超過 100 盧比。如果司機不清楚你的目的地，可以出示 Google Maps 幫助溝通。印度的 Uber 應用程式現在也提供歐拖車款選項，這樣可以省去議價的麻煩。

人力車

在印度，也有非電動的人力車，但是大多數當地居民都偏好搭乘歐拖，因此人力車在大都市中已經相對少見。通常這些人力車會在傳統市集或禁止電動車輛行駛的地區運行。此外，一些觀光景點也會提供觀光人力車服務。

租車自駕

不建議遊客在印度自駕，主要原因有二。首先，印度是右駕，市區交通極為混亂，駕駛往往不遵守交通規則。其次，租車自駕的公司通常只將車輛出租給持有印度身分證的駕駛者，因此遊客租用車輛的機會不大。大多數印度人即便擁有自家車輛，通常也習慣聘請司機來代駕，因此司機在印度是一個非常普遍的職業。

市區公車

市區公車是印度當地人常用的交通工具，價格低廉且四通八達。然而，搭乘市區公車需要一些技巧，尤其是在擁擠的人群中迅速上車。由於大多數印度人並沒有排隊的習慣，當公車接近站點時，車門幾乎不會停下，這時會出現一堆人爭先恐後地爬上公車。此外，公車的行駛方式相對橫衝直撞，這也成為道路上的潛在隱憂。因此，行人在路上行走時，應特別留意周圍的公車，保持警覺。

德里的公車普遍老舊，且大多沒有空調。然而，在2023年G20會議期間，德里運輸局投入了約250輛嶄新的電動冷氣巴士在市區運行，這些是目前德里最好的公車。希望隨著未來逐步更新車輛，能為外國遊客提供更好的搭乘體驗。

路線查詢APP

若要使用德里的公車，可以下載One Delhi APP 來查詢公車路線。開啟手機定位系統後，還可以輕鬆找到附近的公車站，讓搭乘公車變得更加方便。

貼心 小提醒

不建議女性單獨搭乘公車

印度的巴士強暴案新聞引起遊客對巴士安全的擔憂，但涉及的車輛並非一般市區公車。為了防範犯罪，印度的公車上通常設有監視錄影系統。然而，對於女性遊客來說，除非有當地人陪同，否則不建議使用市區公車作為市內交通工具。特別是在夜間，更應避免搭乘公車，以確保自身安全。

自行車

在德里市區，騎腳踏車作為交通工具的人相對較少。在疫情之前，印度政府曾積極推行「智慧城市」(Smart City) 政策，推出類似台灣U-Bike的「共享自行車Smart Bike」，但因為維護困難而停止運行。如果你想體驗類似的共享自行車服務，可以參考以下建議。

共享電動單車悠路(Yulu)

在德里市區的地鐵站出口可以找到共享電動單車供租借。使用前需要先安裝APP並進行儲值，在單車上掃描QR CODE即可使用。不過，目前支付方式僅限於印度銀行帳號。在租借之前，建議檢查電動單車的狀態是否良好，騎行時也要特別注意路上的車輛，確保安全。

Yulu 官方網站 www.yulu.bike

腳踏車遊德里行程

許多旅行社提供騎腳踏車遊覽德里特色景點的行程，會由旅行社提供自行車，讓遊客在較安全的時段體驗德里的大街小巷。可以從Tripadvisor網站或旅行社網站取得相關資訊。

聯外交通

在印度搭乘火車是個特別的體驗，可以在旅程中安插一趟火車之旅。

從德里出發前往其他城市旅遊的交通方式多樣，選擇取決於行程天數、路線距離和預算等。如果假期較短，並希望在短時間內完成想去的景點，包車往返是最便利的選擇。如果計畫涵蓋多個城市且距離較遠，可以考慮搭乘國內班機。若有充裕的時間，搭乘火車臥鋪也是一個不錯的體驗，能感受到印度獨特的旅行氛圍。

如果是小團體或單人出遊，搭乘長途火車臥鋪也是節省費用的好方法，能讓你在旅途中獲得更好的體驗。

▲ 印度長途汽車

火車

許多人對印度火車的印象仍停留在乘客坐在車頂的印象，但如今的印度火車已經不再這樣。現在無論什麼車次，都需要購票才能搭乘。在印度，搭乘火車旅行是一個便利、安全且經濟的選擇，鐵路路線四通八達。近年來，在**總理的推動下**，印度開始製造新型高速列車，明顯縮短了鐵路旅行的時間。

德里火車站

印度擁有約7千多個火車站，在大城市中常常會有1～3個不同的車站，且站名通常非常相似，這可能讓外國遊客感到困惑。一般而言，印度的車站名稱會在地名後加上Junction或Cantt，而不是使用Station。Junction通常位於市中心，而Cantt是軍營的縮寫，通常指位於市郊的車站。如需確認車站位置，可以透過Google Map進行查詢。

以德里為例，主要的火車站就有5個，分別是New Delhi、Delhi Junction、Hazrat Nizamuddin、Delhi Cantonment和Delhi Sarai Rohilla。購票時需特別注意搭車的車站，因為某些車站可能距離市中心有一段距離。

購買火車票

購買火車票的方法有兩種：可以直接前往火車站的售票窗口，或是在印度火車票的官網上購票。長途火車票通常在發車日前120天開放售票，但短程的特快車或特殊路線的售票時間則較短。熱門的長途路線的車票往往會迅速售罄，因此如果旅程恰逢週末或重要假期，建議提前購票確保順利搭乘。

開始 So Easy! 自助旅行 74
在印度

▲ 印度最新型特快火車「致敬號」(Vande Bharat Express)

■ **現場購票**：如果搭乘短途火車，或者在網路訂位時顯示為候補狀態，可以前往火車站的售票櫃檯詢問是否有票釋出。目前，大多數乘客都選擇使用網路購票服務，只有在購買無空調車廂車票時，才會前往櫃檯購票。此外，無法使用網路支付的乘客也可以直接到車站購票。

■ **網路購票**：在印度，購買火車票需要前往印度鐵路局的下屬公司「Indian Railway Catering and Tourism Corporation Ltd」（簡稱 IRCTC）網站進行訂票，需先註冊個人帳號。每個帳號每月最多可以訂購 6 張車票，每張票可容納最多 4 位乘客。如果使用其他訂票平臺購票，同樣需要輸入 IRCTC 帳號，除非透過旅行社代訂，則不受此限制。
IRCTC 網頁 www.irctc.co.in

貼心 小提醒

小心購票詐騙事件

在火車站周邊或觀光客常去的市集，可能會看到一些假冒的旅行社掛著「遊客服務中心」或「IRCTC 售票中心」的招牌，這些地方並非印度鐵路局授權的售票點。這裡的掮客常用聳動的假消息來欺騙和引導遊客，並且時常發生詐騙事件。遊客在選擇購票時務必要謹慎，避免上當受騙。

火車票票種

印度的火車分為長途臥鋪車和短途特快車，車款與顏色並沒有固定標準，因為不同時期推出的車廂都有各自獨特的設計和配色。每種車型提供不同等級的票價可供選擇，通常一開賣就會先售完最高等級的票種，因為這些高階票的數量相對較少。

■臥鋪座位

空調車：1 等座 (1AC)、2 等座 (2AC)、3 等座 (3AC)；**無空調**：臥鋪 (Sleeper Class，SL)、一般座位 (Chair Car，CC)。

■空調特快車座位

分為一般座位 (Chair car，CC) 與特等座位 (Executive chair car，EC)。

▲ 1AC 車廂
▲ 2AC 車廂 
▲ 一般座位 
▲ 特等座位 
▲ 最新致敬號的特等座位 

印度火車票購票攻略

■ 不論購買哪種票種，成功購票後會獲得一組確認編號 (PNR)，可用來查詢座位和火車動態。若是候補票，票面會顯示 WL1，代表候補第 1 位，WL1～L5 通常有可能在當天釋出，並會在發車前 4 小時公告。如果候補人數過多，最好準備其他方案。

■ 1AC 座位是可鎖門的獨立包廂，火車上可能僅有兩節 1AC 包廂，提供 2 或 4 個鋪位的選擇。2AC 及其他車廂則為開放空間，有布簾可遮擋。在訂票時，可以選擇上鋪或下鋪。1AC 還有雙人 (Couple) 包廂選項，適合女性遊客，但是否能獲得想要的座位仍視訂位順序而定。

■ 預訂火車上的餐點時，可以選擇加購有葷或素的餐點，餐食會由車廂服務員送到，並根據用餐時段提供不同的選擇，這也是一個有趣的體驗。

網路購買火車票步驟 Step by Step

Step 1 前往售票網

前往印度火車官方售票網，點擊 LOGIN 輸入帳號與密碼。

www.irctc.co.in

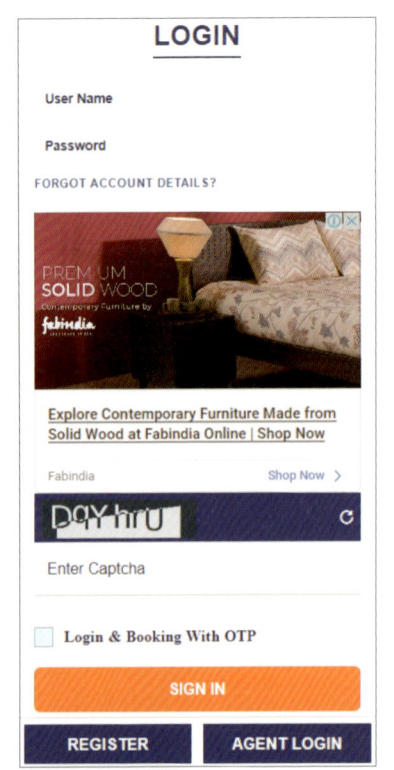

▲ 首頁畫面

▲ 輸入帳號與密碼

Step 2 查詢可購買車票

輸入出發站與抵達站以及乘車日期。起訖站可輸入城市名，系統就會出現相關地名的車站。

▲ 輸入搜尋條件

Step 3 確認購票班次與座位種類

搜尋結果畫面會顯示當日所有可選的車次，及當日不同等級座位的剩餘票數，也會列出鄰近日期同一個班次的剩餘票數。選好要搭乘的班次後，按下 BOOK NOW 即可進入下一步驟。

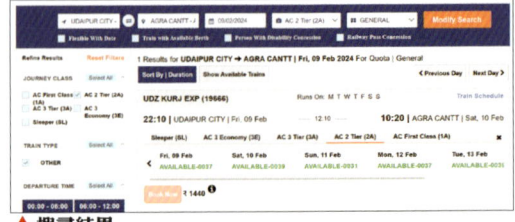

▲ 搜尋結果

Step 4 填寫乘客資訊

選好車次後就會進到填寫乘客資訊頁面，每張票最多可填寫 4 位同行乘客。

▲ A. 確認乘車資訊，付款後無法更改只能取消重訂／B. 輸入乘客姓名（Passenger Name），需要跟護照上名字一樣。年齡（Age）、性別（Gender）、國籍（下拉選單點選：Taiwan）、座位偏好在（No Prefence）欄位有下拉選單可選／C. 若要新增乘客資訊，點選 +add Passenger

Step 5 選擇付款模式

在選擇付款方式的上方會有選擇是否購買旅遊保險的欄位，這僅適用於印度本地遊客，因此可以選擇「No」。付款方式只能選擇第一個選項，第二個選項則是印度的第三方支付方式。

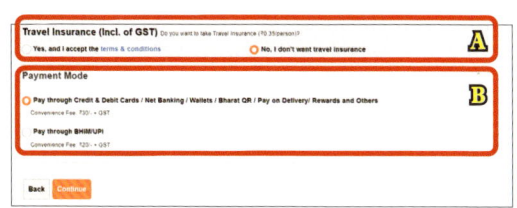

▲ A. 旅遊保險／B. 付款方式

Step 6 選擇付款方式

購票往提供了很多的支付方式，但針對外國遊客只能選擇「多種付款服務」（Multiple Payment Service）內的其中兩個管道，進行外國信用卡支付票款。

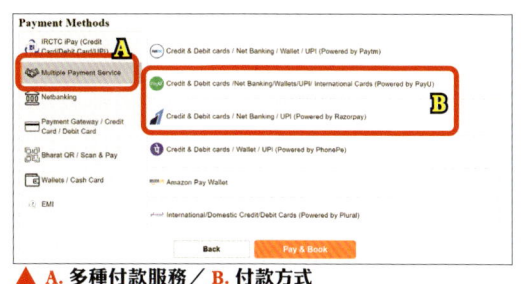

▲ A. 多種付款服務／B. 付款方式

Step 7 訂票成功

付款成功後即代表訂票成功，電子車票就會發到註冊帳號的信箱。可以印出攜帶備查，或出示手機畫面電子檔案。票面上的座位資訊（Current Status）上 CNF/A2/26/UPPER 意思是：CNF 已確認，A2 車廂號，26 座位號，UPPER 上舖。

貼心小提醒

訂購臥鋪車種不會顯示座位

線上訂購火車票時，若是訂購臥鋪車種的出票，電子票只會顯示票種，不會有座位號碼，座位要於發車前 4 小時才會發簡訊到訂位帳號連結的手機號碼。或者也可以前往座位查詢網站查詢。

www.irctc.co.in/online-charts

購買特快車座位的票種，會在完成訂票時就有車廂與座位號碼在電子票面上。

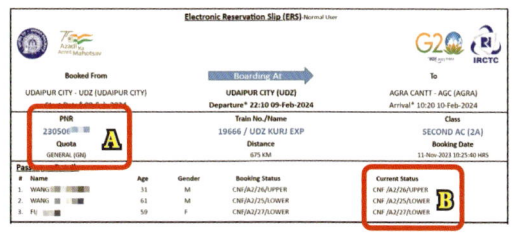

▲ 電子火車票 A. PNR 確認號碼／B. 座位資訊

搭乘火車

在印度的火車站周邊，常常會看到非常混亂的景象，各種車輛、遊民、醉漢以及圍坐的小團體乘客比比皆是。若搭乘夜間發車的列車，會見到車站大廳或月臺到處躺滿人的特殊畫面。

建議遊客在發車前至少 30 分鐘抵達車站，以便找到列車的月臺和車廂。首發站的列車或特快列車通常會準時發車，但長途列車常會誤點，特別是在冬季，誤點幾個小時並不少見。

另外，靠近車站時，常會遇到一群身穿紅色衣服的行李挑夫，他們會詢問是否需要幫忙搬運行李。由於大部分車站的電梯和手扶梯有限，如果行李較多，可以考慮請挑夫幫忙，價格通常在 30～100 盧比，記得議價後再將行李交給他們，他們還能幫你找到正確的列車和車廂。

進入印度火車站不需要驗票，直接找到位子後坐好，發車後列車長會到座位查票，通常出示車票即可，很少會查驗護照。

豪華長途旅遊巴士

在印度，搭乘巴士是當地人常用的交通工具之一，但對外國遊客來說，通常不是首選。雖然公營的長途巴士價格便宜，但車輛的品質往往不佳。還有一些私人巴士，這些巴士並非由公司經營，常見於某些地鐵站，有人不斷喊著地名招攬乘客，通常等乘客滿了才會發車，這類巴士不建議遊客搭乘。

在北印度的山區，一些城市如達蘭撒拉、馬納里或喜瑪協邦的山城，可能沒有國內班機或火車可供前往，或者航班稀少且價格昂貴。在這些旅遊城市，私人巴士公司經營的豪華長途巴士成為主要交通方式。當地人通常將這些巴士統稱為「Volvo」。這類巴士提供完善的服務，包括瓶裝水、毛毯，還有充電的 USB 孔。乘客上車後會收到簡訊，方便查詢即時的車況，非常便利。

▲ 跟行李挑夫議價中的乘客

▲ 大型行李都要安檢

▲ 雙層臥鋪巴士

豪華長途巴士都可以從網路購票平臺提前購買車票，比較受歡迎的品牌有：Laxmi holidays、Deltin Travels、Zingbus 都是經營長途巴士的公司。

▲座位型式的巴士

車款選擇

針對不同地區的路線，巴士通常會提供不同的車款選擇，包括只有座位的「Seater」車款，以及混合型的「Sleeper」車款，這些車款兼具座位和臥鋪包廂。此外，還有一種稱為「Semi Sleeper」的車款，坐椅可以調整到幾乎躺平的姿勢。

班次與上車地點選擇

長途巴士大多都是晚間 20～21 點發車，抵達目的地通常要 10～14 小時的車程。上車後約一小時，巴士會駛出市區並在高速公路上停靠第一個休息站，停留約 20 分鐘，讓乘客下車休息，之後便會直接前往目的地。**請注意** 選擇搭乘長途夜間巴士時，要考量出發與下車時間，若是抵達時間太早例如早晨 4～5 點，就可能會需要在下車地點等候到天亮才能前往目的地。

豪華巴士通常沒有固定的發車站，只會提供大概的停靠位置，因此從首發站上車會更可靠。乘客應該提前與票上的聯繫人聯繫，以確定具體的上車地點。可以請飯店的工作人員協助撥打電話，了解詳情。例如，上車地點的描述是「KASMIRI GATE(Metro Station Gate No.1, Parking no 1)」或「Vijay Nagar ABES COLLEGE(Near ABES College opposite side Hapur highway NH 24)」，對外國乘客來說可能不太容易理解，建議提前確認並做好準備。

貼心 小提醒

搭乘注意事項

- 某些長途巴士上，若有空位司機可能會沿途停靠攬客，甚至提供塑膠小椅子讓後上的乘客坐在走道上。
- 有些巴士在即將抵達目的地前，為了省跨邦稅，會強制乘客下車，並換乘另一台較舊的當地巴士。
- 搭乘豪華巴士的本地乘客素質較高，並且樂於幫助外國人，不過仍需留意隨身財物。
- 選擇巴士公司時，留意評價非常重要。雖然巴士票價相對低廉，但過於便宜的巴士可能會有複雜的乘客組成，安全性和舒適度可能較無保障。

購買巴士票步驟 Step by Step

巴士公司在購票平臺上販售車票，可以使用 MakeMyTrip 或是 RedBus 的網站來進行查詢與訂票。
MakeMyTrip http www.makemytrip.com/bus-tickets
RedBus http www.redbus.in

Step 1 搜尋車票

在網站首頁輸入出發站與到達站，以及搭車日期後搜尋 (Search buses)。

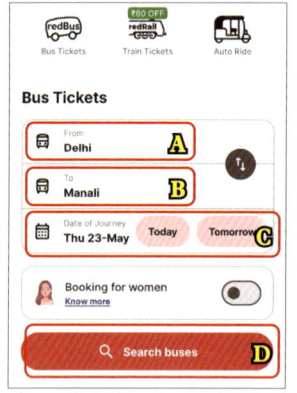

▲ A. 出發站／B. 到達站／C. 搭車日／D. 搜索

Step 2 選擇預計搭乘巴士

依照你提供的搜尋條件，網站會列出該路線運行的巴士清單與時間。通常有 Primo 標籤的會是評價比較高的巴士路線。點擊不同車次會進入該巴士的詳細介紹，例如車輛照片、行駛路線、上下車地點。

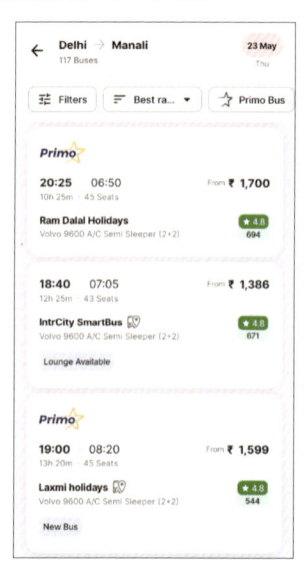

Step 3 選位以及選擇上下車地點

確認選擇巴士後，會進入座位表頁面，這裡可以看到不同座位的價格，通常越前面的座位價格越高。座位表上會標示這輛巴士提供的選擇，包括一般座位和臥鋪座位。

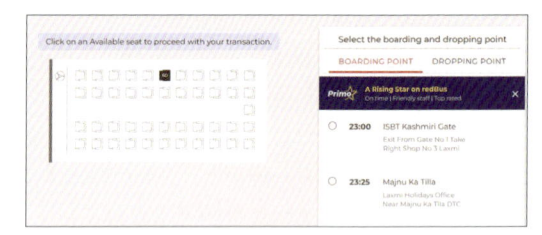

Step 4 完成訂票

付款完成後，會收到電子車票發送到你的電子郵件信箱，裡面會包含車輛號碼和上車地點等資訊。搭車當天，你也會收到簡訊。

國內班機

　　全印度的國內航空每天運行多達 45 萬個航班，幾乎所有大型城市均可到達，甚至包括世界海拔最高的機場之一的「列城機場」，該機場的高度為 3,256 米，但僅在夏季運營。此外，飛往位於印巴邊境的沙漠城市齋沙漠爾的航班也僅在冬季提供。隨著印度積極發展觀光產業，各航空公司不斷開設新的航線，以連接更多城市。

　　若能提前數月購買國內航班的機票，通常能獲得優惠價格。隨著出發日期的接近，票價會逐漸上升。冬季時，北印度常出現濃霧，可能導致航班延誤或臨時取消，而印度航空公司的應變能力相對不足，因此遊客在出發前應主動查詢航班動態。

抵達機場

　　建議在起飛前 2 小時抵達機場，因為機場安檢較為嚴格，通常需要耗費不少時間。

登機手續

　　班機起飛前 48 小時可在線辦理登機手續，需前往航空公司官網進行操作。也可直接前往機場，進入航廈時會有自助機器供列印登機證使用。進入機場航廈需出示身分證件及登機證，僅允許持有當日機票的乘客進入。**請注意** 北印度冬季氣候不佳，常有航班臨時取消的情況，建議出發前務必留意航班動態。可在 Google 搜尋頁面中輸入航班號碼進行查詢。

行李規定

　　印度國內航空的行李規定為手提行李不得超過 7 公斤，託運行李大部分為 15 公斤。如果行李較多，建議提前購買額外的行李重量，以免到達機場後因超重需支付高額費用。

當地包車

　　從旅遊目的地向當地旅行社或租車公司購買包車服務 (Car Rental Service)，已成為現代自由行的一種便利交通方式。雖然包車的價格通常高於大眾交通工具，但便利性和安全性更具優勢。如果同行人數較多，共同分攤車資會更加經濟。在印度，某些景點的交通選擇相對不便，例如從阿格拉到齋浦爾途中經過的月亮水井、拉賈斯坦四色城、拉達克或其他山城景點等，因此包車旅遊在印度非常普遍。

　　在印度的飯店內通常設有旅遊服務中心，客人可以諮詢包車的服務。此外，網路上的旅遊社群和部落格也經常分享印度包車的相關資訊。如果旅伴人數超過 4 人，包車是一個方便的選擇。通過司機的介紹，外國遊客能更深入地了解印度的民情，並且包車也能隨時停車欣賞風景。

　　建議提前預約當地的包車服務。在詢問價格時，務必確認細節，包括車款、是否包含油費、過路費等，並選擇口碑良好的服務提供商。

印度特色交通

印度古代的交通運輸方式至今仍有人使用，遊客也可以體驗這些獨特的交通工具。

印度是一個仍然保留許多傳統文化的國家。例如，古代皇室會使用大象作為交通工具，而在沙漠地區則常見駱駝用於運輸或乘坐。此外，乘船渡河也是當地的一種交通方式。在特定的旅遊城市也將這些交通工具當成旅遊體驗的一部份，如果到了當地也可以體驗看看。

騎乘大象

大象在印度是一種深受喜愛的動物，因為印度教的象神是最受尊崇的神明之一。在古代，大象也曾被用作皇室的交通工具。在北印度拉賈斯坦邦的粉紅城市齋浦爾（Jaipur），當地政府設有大象騎乘體驗，遊客可以騎乘身上裝飾著精美彩繪的大象，沿著古老的道路從城堡的山下進入城堡。這項活動會避開炎熱的時段，以保護大象的腳不受炙熱地面影響。

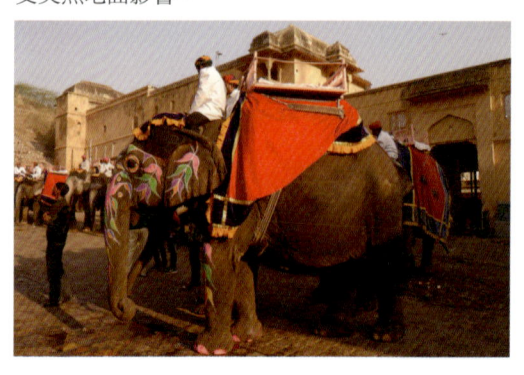

沙漠駱駝

只要提到沙漠，駱駝便是人們自然而然聯想到的生物。在北印度的著名沙漠旅遊城市「齋沙漠爾」（Jaisalmer），駱駝仍然是當地居民主要的農作物運輸交通工具。在齋沙漠爾，騎著駱駝進入沙漠是獨特而受歡迎的體驗。通常，遊客會在傍晚時分騎上駱駝，登上沙丘，欣賞壯麗的沙漠風光。每年2月，這裡還會舉辦盛大的駱駝嘉年華會，成為熱鬧的駱駝交易市場，並呈現各種當地傳統音樂與舞蹈表演。

乘船遊河

　　前往古老的城市瓦拉那西(Varanasi)，最不能錯過的就是搭乘手划船，欣賞恆河沿岸的美麗景色。早晨，遊客可以在船上目睹來自印度各地的聖徒聚集於恆河沐浴，途中也會經過火葬場，遠遠觀賞正在進行的儀式。到了夜晚，則可以乘船欣賞壯觀的夜間祭典。

　　在另一座城市阿格拉(Agra)，當亞木訥河水位較高時，搭乘手划船可以欣賞到壯麗的泰姬瑪哈陵墓。而在喀什米爾的斯利納加(Srinagar)，則可以在美麗的湖泊上乘船遊覽，享受自然的恬靜與美麗。

▲乘船欣賞泰姬瑪哈陵

▲斯利納加達爾湖

森林火車

　　在印度，有幾條百年歷史的森林鐵道至今仍在運行，其中最著名的路線之一便是通往山城西姆拉(Shimla)的列車。由於使用窄軌鐵道，它也被稱為玩具火車(Toy Train)。這條鐵道建於英國殖民時期，連接夏季首都西姆拉與北部城市，成為重要的交通路線。

　　這條鐵道全長僅96公里，但卻途經800座橋梁與高架橋，並因其快速的海拔上升而被列入金氏世界紀錄。如今已成為印度遊客夏季旅行的熱門選擇之一。

住宿篇
Accommodations

旅行印度,有哪些住宿選擇?

在旅途中依照行程路線來安排住宿地點,並搭配當地特色住宿讓旅程加分。印度的住宿種類非常多元且獨特,價格會隨著淡、旺季差異很大,此章節讓你在選擇住宿時有更多參考指標。

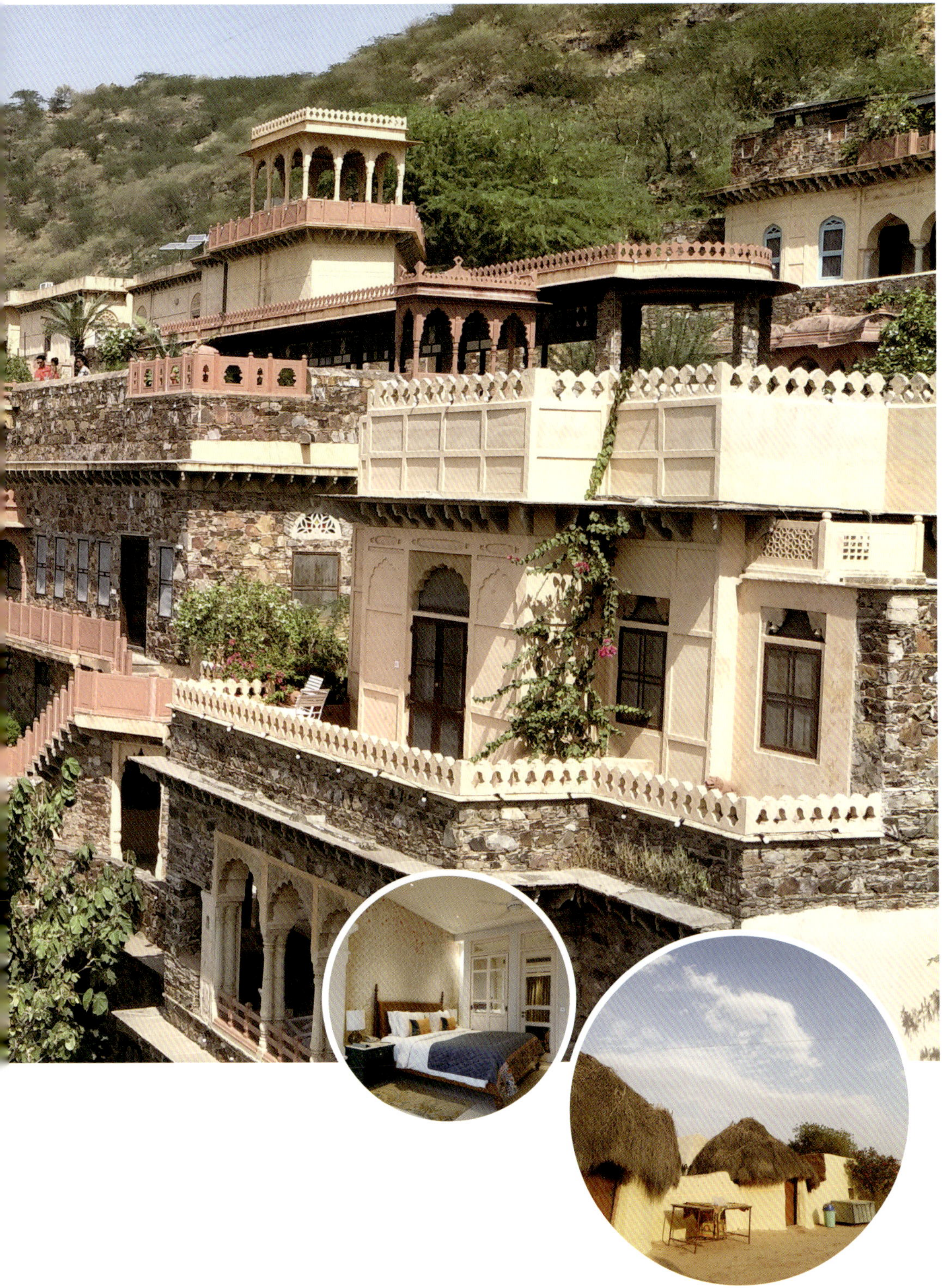

選擇合適的住宿

對於飯店的入住規定、飯店房型或者供餐時間等，印度的民情跟其他國家有些不同。

入住規定

印度的飯店規定未婚男女不允許一起入住同一個房間，但隨著大城市的民風逐漸開明，有些飯店會特別標示為「情侶友善」(Couple friendly)，允許情侶入住。此外，印度大多數飯店仍然規定不允許與飯店位於同一城市的居民入住，因此外籍遊客若前往印度拜訪當地朋友時，可能會遭遇拒絕共同入住的情況。

選擇飯店

雖然住宿安排需根據個人旅行預算，但相同預算在不同國家並不代表能享有相等的品質。這種情況在經濟型飯店中特別明顯。例如，在台灣以台幣2,000元預訂的飯店，與在印度以等值台幣2,000元訂到的飯店，房間品質、服務水準和衛生條件可能會有顯著差異。因此，通常建議外國遊客選擇至少三星級以上的飯店入住。

選擇房型

　　一般飯店較少提供三人房或四人房的房型，若三人入住同一房間，通常是安排一間雙人房並加上一張折疊床。而一些較高級的飯店甚至不提供加床服務。雖然在訂房網站上可以選擇三人入住一個房間，但這並不保證飯店會提供加床。因此，訂房後建議聯繫飯店確認相關細節，以免影響住宿安排。

▲ 古蹟飯店通常只有雙人床房型

訂房確認

　　許多位於小城鎮或非熱門觀光城市的經濟型飯店，儘管在訂房網站上販售房間，但經常會因飯店業者與平臺之間的爭端，影響旅客權益。例如，飯店已經不再與平臺合作，但平臺仍在販售該飯店的房間，導致旅客抵達時無法順利入住。建議在入住前與飯店聯繫，確認訂房狀態。**請注意** 有時飯店不誠實，旅客抵達後被告知沒有訂房資訊，並表示只剩下較貴的房型。若遇到這種情況，應立即聯繫訂房網站確認，這種問題特別容易發生在未預付房費的訂單上。

餐廳營業時間

　　因應印度人的用餐習慣，一般飯店的早餐時間通常從7點半或8點開始，而用餐高峰期通常在9點之後。午餐一般在中午12點開始供應，而晚餐則可能要到晚間19點甚至20點才開始。由於晚餐時間較晚，一些飯店會在下午16點左右為住客提供免費的下午茶點心。

▲ 飯店提供下午茶服務

財物保管

　　貴重財物應妥善保管，最好放入飯店房間內的保險箱，或將物品放在行李箱內並上鎖。即使是高級飯店，也仍有財物失竊的風險。

貼心 小提醒

需注意訂房價格是否含稅

　　印度針對不同等級的飯店會收取不同稅率的政府稅。當住宿金額在2,500盧比以下時，稅率為12%；若金額介於2,500～7,500盧比之間，稅率則為18%；超過7,500盧比的稅率則高達28%。因此，在預訂飯店時，務必要留意價格是否已包含稅金。

住宿類型介紹

印度的住宿類型選擇很多，入住獨特的飯店感受印度魅力。

印度國內除了國際連鎖品牌飯店，還有許多自有連鎖品牌飯店可供選擇。對於注重住宿品質的旅客，國際連鎖品牌飯店是一個不錯的選擇，另外也可以體驗各種特色飯店。印度觀光產業蓬勃發展，不僅接待外國遊客，本地旅客也占很大比例。特別是在每年年底的婚禮旺季，這段時間與旅遊旺季重疊，再加上德里地區經常舉辦大型國際展覽會，若未提前預訂住宿，可能會面臨選擇有限且價格昂貴的情況。

▲ 恆河旁的四星級景觀飯店

▲ 歐貝羅伊飯店都有代表性的藍色水池

星級飯店
(Hotel)

印度的星級飯店分為三星級、四星級和五星級，其中知名的國際連鎖品牌飯店主要集中在四星和五星級。例如：凱悅飯店集團(Hyatt Hotel)、萬豪酒店集團(Marriott Hotel)、麗笙酒店集團(Radisson Hotel)、皇冠假日酒店(Crown Plaza Hotel)等都是在印度每個城市常見的國際品牌飯店。

在大城市如孟買或德里，國際品牌的五星級飯店在旺季價格通常介於15,000～30,000盧比或更高。淡季時，則可能以10,000～15,000盧比的價格入住高品質的五星級飯店。四星級飯店的旺季價格大約為8,000～12,000盧比，而淡季價格約為6,000～8,000盧比。

印度也有歷史悠久的高級飯店品牌，最知名的三大集團就是泰姬集團飯店(Taj Hotel)、歐貝羅伊集團(Oberoi Hotel)以及ITC飯店集團。若計劃入住五星級飯店，選擇這些印度品牌更能體驗印度特色，且其服務品質並不遜色於國際品牌飯店。最著名的歐貝羅伊飯店之一位於泰姬瑪哈陵旁，每個房間的陽臺都能欣賞到泰姬瑪哈陵的美景。在冬季的婚禮旺季，房價每晚高達9～12萬盧比。

宮殿與城堡飯店
(Palace Hotel)

在北印度的拉賈斯坦邦，有多達250座歷史約300～400年的城堡與宮殿。許多歷史較短的宮殿或古堡，被皇室後代出售給飯店集團，並改建為高級飯店，讓旅客能夠體驗獨特的皇家氛圍。

宮殿飯店通常位於市中心，原本是君王在市區的住所。這類型的飯店房型較為現代化，設施與一般五星級飯店相似，外觀則古典且華麗，經常被用作豪華婚禮的舉辦場地。

這類飯店的價格範圍廣泛，從每晚15,000盧比的親民選擇，到每晚1,000～2,000美金的豪華城堡，通常是寶萊塢明星舉辦婚禮的場地。若選擇入住城堡飯店，建議多留點時間探索城堡內部，因為這些占地廣闊的城堡每個角落都可能帶來驚喜。

▲齋浦爾宮殿飯店

▲500年歷史的城堡飯店

▲宮殿飯店內的豪華婚禮

▲有泳池的烏代普爾城堡飯店

貼心 小提醒
入住城堡飯店要考慮便利性

城堡飯店在保留古蹟結構的同時，將各個空間改造成房間，因此每個房間都各具特色，大小也不盡相同。要在百年歷史的建築中安裝現代化的衛浴設備，因此可能不如常規飯店那樣便利。在選擇城堡飯店之前，需要考慮飯店的歷史感。不過，價格越高的城堡飯店，其設備通常也會相對更完善。

哈威利
(Haveli)

在北印拉賈斯坦邦，還有一種特色住宿稱為哈威利，大多是歷史約100～200年的房子改建而成的飯店。哈威利曾是地方上富豪或達官顯要的住所，為了彰顯財富，這些富豪會在房屋牆面上繪製精美的壁畫，並且不少內裝還鑲有金飾。有些哈威利會展示從前主人的收藏品，館藏的豐富程度不亞於博物館。

哈威利飯店的住宿價格依照不同地區與飯店的品質而異，平價的哈威利每晚約8,000盧比，設備比較華麗的哈威利會到每晚3萬盧比。推薦到齋浦爾旅遊不妨安排一晚入住哈威利飯店。

請注意 哈威利飯店位置常見於老街道或狹窄巷弄，車輛不容易進出，需要步行或是依靠人力車才能抵達。

▲保存良好的哈威利博物館

▲哈威利飯店房型

▲齋浦爾哈威利飯店

帳篷
(Tent)

　　入住帳篷是某些特定地區的特色體驗，例如北印度的齋沙漠爾(Jaisalmer)和普希卡(Pushkar)，以及可以觀賞老虎的度假村，這些地方都提供豪華帳篷或稱為瑞士帳篷(Swiss Tent)的房型選項。

　　這些帳篷住宿都位於渡假村內，因此在安全方面不需過於擔心。一般來說，豪華大帳篷內附有獨立的簡易衛浴設備，通常比較適合涼爽的季節。

　　並非所有的帳篷住宿都屬於簡易型，像是在印度許多國家公園周邊的渡假村，其帳篷住宿就非常頂級。例如，安縵飯店在齋浦爾的帳篷住宿，每晚的價格高達1,200美金。

▲瑞士帳篷住宿

▲帳篷內與衛浴

旅社
(Guest House)

　　經濟型飯店或由家庭經營的小飯店通常稱為「Guest House」，這類住宿僅提供簡單的房間，設備較少，且清潔程度可能因飯店而異。若入住這類飯店，請自行攜帶盥洗用具和毛巾。

　　印度的飯店連鎖品牌OYO Hotel主要提供經濟型住宿，除了可以透過OYO網站尋找分店外，也可參考Google Map上的評價作為訂房的依據。

貼心小提醒
部分旅社不接待外國遊客

　　旅社對住客的管理較為簡單，有些非熱門旅遊地點的旅社可能不接待外國旅客，因此在預訂時要確認清楚。即便是透過訂房網站預訂完成，仍然可能被拒絕入住。

青年旅館
(Hostel)

　　在印度，兩個值得信賴的青年旅館品牌是Zostel和goStops，這兩家在多個旅遊城市設有據點，鮮明的色彩和活潑的設計是他們的共同特點。這些青年旅館提供多人共用房型和獨立房型，滿足不同旅客的需求。

　　隨著許多年輕人選擇遠距工作，這些青年旅館也開始提供工作渡假(Workation)服務，結合了共享辦公室的功能，讓旅客能在優美的景色中處理工作事務。

　　選擇知名度較高的青年旅館相對安全，但由於是共用房型，旅客仍需多留意個人財物的保管。

Airbnb

　　Airbnb 在印度是合法的住宿選擇，提供各種房型，包括只出租閒置房間的選項，也可能與房東共同使用其他公共空間，或整層出租的房型。對於家庭出遊來說，入住 Airbnb 能避免人數限制，而有提供廚房的房型還能解決不習慣印度料理的問題。不過，缺點是無法隨時找到人來處理入住問題。

　　在印度，許多 Airbnb 房源是整棟出租的度假公寓、度假小屋或農莊。有些位於風景優美的度假勝地，價格可能相對較高。

　　在 Airbnb 網站上訂房時，通常只顯示大概的區域，實際住宿地點會在完成預訂後才會透露。因此，了解房源所在地的治安情況，建議透過房東提供的檔案和評價進行更多調查，然後再決定是否訂房。

船屋 (House Boat)

　　在印度，有幾個以水上活動著名的城市，晚間入住船屋是一個特別的體驗。例如克拉拉邦(Kerala)、果亞(Goa)、斯利那加(Srinagar)等地區。

　　喀什米爾邦的夏季首都斯利那加(Srinagar)的船屋最為歷史悠久，船屋停靠在市區內的湖泊「達爾湖」(Dal Lake)湖邊，但這些船屋並不會行駛，遊客需要搭乘手划小船接駁到船屋上。

　　船屋內部會以當地著名的木雕工藝裝飾，價格分為 A、B、C 三個等級，其中 A 級船屋價格較高，但設備相對較好。入住後，遊客會看到小販划著手划船靠近船屋，販賣當地特色的手工藝品，或載著滿船鮮花的小船，是非常獨特的體驗。

▲船屋內部

▲木製船屋

德里住宿區域介紹

不同區域有不同類型的住宿選擇。

德里機場航空城 (Aerocity)

距離機場僅5分鐘車程的航空城是高級飯店的集中區域，大多為國際連鎖品牌飯店。這裡有許多新潮的餐廳，提供各國料理，還有商店街可以購物。對於搭乘深夜抵達德里機場的遊客相當方便。

▲ 航空城飯店區街道

馬希帕普爾 (Mahipalpur)

距離國際機場車程10分鐘以內的廉價飯店集中區，是以短時間國內轉機為目的的實惠選擇。這個區域交通便利，且大馬路旁較大型的三星飯店，通常評價較佳。

▲ 馬希帕普爾飯店區

帕哈甘吉 (Paharganj)

就在德里火車站對面的區域，被稱為德里背包客大街。由於地理位置優越，這裡有很多廉價飯店和背包客住宿，但這個區域的治安相對較差，經常發生針對觀光客的騙局。因此建議選擇有良好口碑的飯店，避免入住在狹小巷弄內。女性遊客晚間儘量不要在此區域活動，確保安全。

卡羅爾巴格 (Karol Bagh)

卡羅爾巴格位於德里市中心，地鐵「卡羅爾巴格站」(Karol bagh)步行到飯店集中區域只需要5～10分鐘。這個區域巷弄狹窄，住宅與商業區共存，大多以經濟的三星級飯店為主。

▲ 經濟型飯店

拉吉普特納格 (Lajpat Nagar)

這個區域位於德里中央，住宅與商業區集中，擁有許多印度品牌的三星級飯店。由於周邊有較高級的住宅區，治安相對較好。此外，這裡還有不少民宿和Airbnb在高級住宅內經營。

▲ 拉吉普特納格的Airbnb大多是民房

特色住宿介紹

入住宮殿改建的飯店，探秘印度古代皇室的生活。

印度不僅是一個色彩繽紛的國家，還擁有歷史悠久的手工藝，藝術與設計領域人才濟濟。在不同的特色飯店中，遊客可以體驗到獨特的印度風情和色彩。

德里

Four Points by Sheraton Delhi
德里國際機場

這家四星級飯店位於機場快速道路旁，靠近德里機場，且價格優惠。雖然不在航空城內，但距離機場僅需15分鐘車程。如果隔日的行程是前往德里西邊的齋浦爾，入住這家飯店可以節省一些在市區塞車的時間。

💲雙人房每晚約為7,000盧比，旺季價格約為12,000盧比

Maidens Hotel （舊德里）

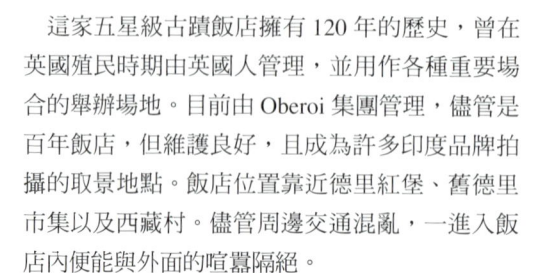

這家五星級古蹟飯店擁有120年的歷史，曾在英國殖民時期由英國人管理，並用作各種重要場合的舉辦場地。目前由Oberoi集團管理，儘管是百年飯店，但維護良好，且成為許多印度品牌拍攝的取景地點。飯店位置靠近德里紅堡、舊德里市集以及西藏村。儘管周邊交通混亂，一進入飯店內便能與外面的喧囂隔絕。

💲雙人房的旺季價格約為2萬盧比，淡季則為1萬盧比

The Connaught （德里火車站）

這家飯店位於德里火車站與市中心知名的康諾特廣場附近，原本是一家由政府經營的青年旅館。多年關閉後，泰姬集團取得經營權，將其改建為一間設計感十足的飯店。由於這棟飯店是為1982年亞運會而建的選手飯店，頂樓的高級房型可俯瞰運動場，成為飯店的一大賣點。

💲淡旺季的價格差異很大，淡季雙人房每晚約為8,000盧比，旺季或展覽期間每晚3萬盧比

▲ 富有設計感的新飯店

The Roseate 〔德里國際機場〕

這家渡假村位於德里機場快速道路旁，以新潮的設計聞名。飯店內鬱鬱蔥蔥的樹木和水池等庭園造景，猶如德里市區的世外桃源，並被許多知名旅遊雜誌票選為德里最佳飯店之一。

💲 雙人房淡季每晚約為15,000盧比，旺季則為每晚35,000盧比

Bloomrooms @ New Delhi Railway Station 〔德里火車站〕

Bloom是印度新興的連鎖經濟型飯店，以鮮黃色裝飾飯店外觀及內部。這些飯店在印度各大城市與老飯店合作，進行重新設計與改建，地點通常選在交通便利或靠近景點的精華地段，因此房型相對較小。根據不同城市，Bloom飯店旗下還提供較高等級的精品飯店供選擇。

💲 雙人房每晚約為3,000～7,000盧比
💲 雙人房的淡季價格約為1萬盧比，旺季則為2萬盧比

Haveli Dharampura 〔舊德里〕

這家飯店位於舊德里市集中心的巷弄內，建於1887年的哈威利，經過重建後獲得世界教科文組織文化遺產保護的提名，並被列為印度國家二級古蹟。經過專家的考究，恢復了老宅原有的樣貌，現在是一間僅有14個房間的五星級飯店。客人可以從屋頂欣賞到印度最大的賈瑪清真寺，週末晚間還有傳統舞蹈表演。需要靠人力車接駁才能抵達飯店入口。

💲 雙人房在淡季和旺季的價格約為2萬盧比

▲ Haveli Dharampura 內的印度料理餐廳

阿格拉

Pearl of Taj Homestay

距離泰姬瑪哈陵東門入口步行只需20分鐘的民宿型飯店，以優惠的價格受到經濟型旅客的好評。除了獨立的房間，還提供宿舍型床位出租。亮點是飯店屋頂可以遠眺泰姬瑪哈陵。

💲雙人床每晚2,000盧比以內

Taj View Hotel

曾是阿格拉第一家五星級飯店，經過重新整頓後，現在成為泰姬飯店集團的精選飯店之一。Taj View飯店位置優越，前往阿格拉各大景點都很便利，且靠近地鐵站。頂樓咖啡廳在傍晚時刻開放，能欣賞到泰姬瑪哈陵，頂級房型亦可透過窗戶直接觀賞。

💲雙人房淡季每晚6,000盧比；旺季價格每晚15,000盧比以內

Royale Sarovar Hotel

這家四星級飯店距離泰姬瑪哈陵東門入口僅5分鐘車程，設施較新，價格相對其他同級飯店更為優惠。

💲雙人床每晚6,000盧比以內

Trident Agra

作為Oberoi飯店集團旗下較經濟的五星飯店，Trident飯店占地遼闊，內有大型綠地供各種戶外活動使用，還有一個祕密花園，晚間則有木偶劇表演。

💲雙人房淡季每晚5,000盧比；旺季價格每晚12,000盧比

▲ Trident Hotel 泳池

▲ 從飯店頂樓可看見泰姬陵是飯店的一大賣點

齋浦爾

Alsisar Haveli

這是一家價格較容易被一般遊客接受的哈威利飯店,擁有150年歷史的老宅,改建為古蹟飯店。雖然不及Samode Haveli華麗,但其專屬於拉賈斯坦式的建築彩繪風格,是喜愛攝影的旅客不能錯過的。

💲雙人房淡季每晚6,000盧比;旺季價格每晚12,000盧比以內

Hyatt Regency Jaipur Mansarovar

這是一座位於齋浦爾市郊的新興五星級飯店,靠近齋浦爾國際機場。飯店仿照傳統宮殿樣式建造,總共使用了2,700根由當地專業工匠手工雕刻的大理石柱,以及鍍金的彩繪天花板,讓遊客彷彿入住全新的宮殿,享受皇室的體驗。

💲雙人房淡季每晚8,000盧比;旺季價格每晚25,000盧比以內

Samode Haveli

這座位於齋浦爾市區的美麗花園豪宅,是印度最古老的哈威利飯店之一,距今已有225年以上的歷史,曾是拉吉普特皇室成員的住宅。哈威利飯店內的牆面彩繪及收藏的古董家具,猶如參觀博物館一般精采。

💲雙人房淡季每晚8,000盧比;旺季價格每晚4萬盧比內

▲保存完好的 Samode Haveli

飲食篇
Gourmet

在印度，吃什麼風味美食？

印度料理以其豐富的香料和食材搭配而聞名於世，層次豐富的風味令人難忘。到印度旅遊時，有哪些不可錯過的經典料理？街頭美食又該如何品嘗？這個篇章讓前來印度旅遊的你也可以成為美食達人。

FOOSBALL
TABLE TENNIS
PLAY UNLIMITED GAMES
ENTER AT YOUR OWN RISK
SCAN FOR RESERVATION
RELOADED
THEOS
THEOS

印度飲食文化

印度飲食不僅以多層次的味道著稱，鮮豔飽滿的色彩同樣令人著迷。

在印度，飲食文化充滿學問，不僅南、北印度的料理風味各異，多元的族群也使印度飲食更加豐富多彩。例如穆斯林擅長烹調羊肉料理，藏式料理與中式料理有著相似的飲食習慣，而印度東北地區的少數民族料理在香料的運用上又與南北印度有所不同。這些來自不同地區的獨特料理，都可以在首都德里的各式餐廳中一一品嘗到。

▲印度少數民族使用的食材

▲慶祝共和日的國旗配色料理

葷食與素食

印度的飲食習慣深受宗教影響，素食人口約占總人口的40%，即便不是每日茹素的人，也會在一週中的特定日子為了供奉信仰的神明而吃素。例如，週一是濕婆神日，週二是猴神哈努慢日，週三是象神日。

不管是不是傳統印度料理餐廳，菜單上都會區分素食區(Veg)與葷食區(Non-Veg)，比較嚴謹的餐廳，甚至餐盤也會使用不同顏色區分。此外，超市中販售的食品、零食或飲料也會明顯標示紅色(葷食)或綠色(素食)標籤，以便消費者辨識。

在印度，葷食的選擇相對有限。大多數印度餐廳提供的肉類主要是雞肉、羊肉、魚和蝦。印度教徒禁止吃牛肉，穆斯林則不吃豬肉。想要吃到豬肉或牛肉料理，通常需要到專賣亞洲料理的餐廳。而在印度，合法販售的牛肉通常是味道較重的水牛肉(Buffalo Meat)。

▲食素食標示（來自印度食品安全與標準局網站）

▲葷食標示（來自印度食品安全與標準局網站）

貼心小提醒

送禮時要注意葷素

送點心禮品給印度人時，應特別注意選購純素食品，避免素食者誤食葷食。有些虔誠的印度教徒自小便跟隨家庭從未食用葷食，因此對於食物的選擇格外謹慎。

用餐時間

印度人的用餐時間與其他國家相比有所不同。大多數印度人早餐時間在上午9點半以後，且常以一杯奶茶搭配茶點作為早餐。午餐通常在14點～14點半之間，而晚餐則大約在晚上20點半以後才開始。由於午餐與晚餐之間的間隔較長，下午16點半以後通常是享用一杯香料奶茶的時刻。

遊客通常會選擇在飯店內餐廳享用早餐，因為若要在外找到專門販售早餐的餐廳，通常需要去星巴克、麥當勞或提供西式料理的咖啡館。大多數餐廳中午12點才開始營業，但真正的用餐尖峰時間通常要等到下午14點以後。部分餐廳會營業至下午15點或16點，隨後午休，並於晚間19點開始供應晚餐。

▲印度晚間菜市場晚上19點後才營業

飲食習慣

印度人的家常料理相當簡單，一道濃郁的醬汁(Gravy)配上薄餅即是一餐。最常使用的食材以根

▲印度家常料理

莖類為主，如馬鈴薯、洋蔥、紅蘿蔔和白花椰菜等，葉菜類則較少食用。因此，若想吃到像炒青菜這類的菜肴，通常需要到亞洲餐廳。

此外，印度人非常熱愛甜食，這與他們的宗教信仰息息相關，因為連印度教的神明都喜歡甜點。因此，在印度教寺廟門口常能看到甜點店。而且喝飲料、奶茶或咖啡時，幾乎必定會加入糖，這也讓印度甜點店的糕點格外可口。

◀非常甜的飲料深受印度人喜愛

用手吃飯

印度人習慣用手進食，北印度以餅作為主食，而南印度則以米飯為主。不論是米飯還是餅，印度人都偏好用手來取代餐具。根據阿育吠陀的記載，用手吃飯可以促進消化，身體能夠直接接收到食物的信息。從食物送入口中的瞬間，消化過程便已開始。此外，使用手指進食還能感受食物的溫度，並讓人對供應食物的人心存感激。

開始 So Easy! 自助旅行 102
在印度

用手「吃餅」步驟
Step by Step

Step 1 將餅用食指固定，再用拇指跟中指拉扯餅皮成可入口的大小。

Step 2 使用小塊餅包裹醬料。

Step 3 將食物送入口中。

Step 4 餐後使用檸檬水洗手。

用手「吃飯」步驟
Step by Step

Step 1 將拇指、食指、中指及無名指將米飯扭成合適大小。

Step 2 使用食指食指、中指及無名指盛起米飯

Step 3 用拇指將米飯推入口中。

Step 4 餐後使用檸檬水洗手。

常用香料

印度料理中的香料分為原型香料 (Whole Spices) 和經過研磨成粉末的香料粉 (Spices Powder)。

最常用在印度料理中的香料包括：黑胡椒 (Black Pepper)、辣椒 (Chilli)、小茴香 (Cumin)、丁香 (Clove)、香菜 (Coriander)、肉桂 (Cinnamon)、薑黃 (Turmeric)、胡蘆巴 (Fenugreek) 和小荳蔻 (Cardamom) 等。除了以上列出的香料外，印度還生產多達 70 多種香料。被譽為香料之王的黑胡椒，產量為全球第二，僅次於印尼；而出口總量最多的則是辣椒，印度是全世界最大的辣椒生產國。走一趟車水馬龍的舊德里香料市場，就能感受到印度香料在內需市場和出口的龐大需求。

▲ 研磨後的香料粉

香料奶茶

到印度絕對要喝一杯印度香料奶茶 (Masala Chai)。印度奶茶是當地生活中不可或缺的必需品，每天要喝好幾杯。早上起床時，先來一杯暖胃的 Chai，再配上幾片餅乾；飯後也要享用一杯 Chai，因為奶茶中的香料有助於消化。冬天更是需要來一杯含有生薑的 Chai 驅寒。

茶在印度稱為 Chai（聲＝柴），通常以紅茶為基底，添加的香料種類並不固定，因此衍生出許多不同風味的香料奶茶，例如肉桂奶茶、薑黃奶茶、薑奶茶和番紅花奶茶等。好喝的祕訣在於「糖與牛奶」。如果糖加得不夠多，茶就會變得苦澀。

▲ 印度家庭招待自製奶茶

▲ 巷弄內的奶茶攤

豆知識：天然黏土杯

路邊奶茶攤通常使用天然黏土杯，使得奶茶增添了特殊的風味。這種土杯是一次性使用，比起玻璃杯或紙杯更加環保且衛生。

行家祕技：印度奶茶哪裡找？

最好喝的奶茶往往是在路邊的奶茶攤，現點現煮的搭配陶土杯更添風味。由於經過高溫煮滾，這樣的奶茶相對較為安全。此外，百貨商場內的印度奶茶連鎖店如CHAI POINT、Chaayos 和 WAGH BAKRI TEA LOUNGE的風味相當不錯。

▲ CHAI POINT

用餐須知

菜單通常用英文字母拼出用印地語發音的菜名，經常讓外國遊客看得一頭霧水。

看懂餐廳菜單

菜單解析

許多外國遊客在印度餐廳時，看到菜單上的英文字母卻無法理解，這是因為印度餐廳的菜單名稱通常是用印地語直接翻譯成英語，因此即便使用翻譯軟體也難以確切了解所點的料理。在提供葷素餐點的餐廳，菜單上會明確標示葷素選項，並劃分為前菜、湯、主菜、主食和甜點。

貼心小提醒

注意餐點價格是否含稅

目前餐廳的菜單大多顯示不含稅的單價。通常餐點的稅率為5%，而星級飯店內的餐廳則為18%。此外，含酒精的飲料稅率更高，並且啤酒類和調酒類的稅率也會有所不同。

- 綠色代表素食
- 素食前菜
- 價格
- 葷食前菜
- 紅色代表素食
- 素食主菜
- 葷食主菜
- 過敏原指示

線上點餐

疫情後，許多餐廳開始使用無接觸點餐的方式，桌上通常會放置 QR Code 牌子，方便顧客透過線上系統點餐。這些系統通常附有餐點圖片，使點餐變得更加簡單。餐後也可以直接透過線上系統結帳。

結帳方式

印度餐廳的結帳通常是桌邊服務。請服務生結帳後，他們會將帳單和刷卡機帶到桌邊。在結帳時，要核對帳單項目是否與點餐相符，以及是否包含服務費。偶爾會出現帳單中多了未點的項目，或是點了菜卻沒有上菜的情況，因此花點時間檢查可以避免爭議。

▶ A. 餐廳登記行號名稱，有時會跟店名不同／B. 餐廳登記稅號／C. 用餐日期與時間／D. 餐名名稱與數量／E. 未稅總金額／F. 稅額：邦稅 (SGST)2.5%，中央稅 (CGST) 2.5%，稅額合計／G. 含稅總金額

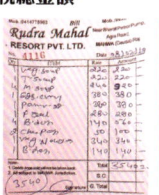

▲ 手寫帳單　　▲ 電子帳單

小費

大部分印度餐廳會收取小費。如果帳單內已經包含 10% 的服務費，則可以不再支付小費。否則，服務員可能會暗示索討小費。如果覺得服務不錯，通常會支付餐費的 5～10% 作為小費。

飲用水

進入餐廳後，服務人員會詢問要喝瓶裝水 (Bottle Water) 還是一般水 (Regular Water)。一般水指的是經過 RO 淨水機過濾的水，建議遊客選擇瓶裝水會較安全。在購買瓶裝水時，也要注意瓶蓋是否已經被打開過。在印度可信賴的瓶裝水品牌有 Bisleri、Kinley 和 Himalayan。

請注意 餐廳桌上若預先放置瓶裝水，通常需要額外收費。包裝越精美的瓶裝水價格越高。

用餐預算

在印度，外食餐費相較於當地物價較為昂貴。如果在飯店內的餐廳用餐，兩人份的餐費大約在 3,000～4,000 盧比或更高。一般餐廳的費用約為 2,500～3,500 盧比。連鎖速食餐廳的價位與台灣相差不大，麥當勞一份套餐約 350 盧比，星巴克咖啡一杯則在 250～350 盧比之間。

行家祕技 用餐地點哪裡找？

在金三角旅遊的三個城市內都有百貨商場，除了各種餐廳美食外，還設有平價的「美食街」(Food Court)，提供多樣化的選擇。

請注意 在印度的美食街用餐，需要先前往櫃檯購買儲值卡，再到不同攤位點餐和付款。若儲值卡仍有餘額，可以選擇退款，或者也可以使用信用卡直接在櫃檯支付，但並非每家餐廳都接受國際信用卡。

如果是城際間的公路旅行，高速公路上的餐飲區越來越便利。除了傳統的印度料理餐廳，還能找到一些較新穎的速食餐廳，例如麥當勞、肯德基或星巴克。

印度必嘗美食

印度各地的美食各具特色，除了使用當地特有的食材外，所搭配的香料也不盡相同。然而，對於外國人來說，印度料理常常呈現為一盤盤顏色深淺不一的泥狀料理，菜單上的餐點名稱也讓人感到陌生，不知如何下手。這篇文章將介紹常見於北印度料理餐廳的料理，幫助你在前往印度餐廳時品嘗到道地的特色佳肴。

湯品(Soup)

印度人少有喝湯的習慣，菜單上通常只有番茄湯、蘑菇湯和雞肉湯少數幾種，不能錯過的就屬印度特色的番茄濃湯。

▲番茄濃湯 　　▲蘑菇濃湯

開胃菜(Appetizers)

主餐前的開胃菜通常指的是沒有醬汁的餐點。

薄脆餅(Papad)

由扁豆或鷹嘴豆粉製成的薄餅，經過烤或炸後，變成薄脆的餅狀開胃菜。這些餅有時會加入香料以增添風味，經常作為餐廳上菜前招待的開胃點心。

▲薄脆餅 (Masala Papad)

沙拉(Green Salad)

印度料理餐廳菜單上的沙拉通常由洋蔥、黃瓜和番茄組成。在享用完口味濃郁的醬汁料理後，搭配洋蔥可以有效解膩。

▲印度人的沙拉就是生洋蔥 　▲醃洋蔥與綠色香菜醬

馬鈴薯燉花椰菜(Aloo Gobi)

馬鈴薯在印地語中稱為「阿祿」(Aloo)，是印度最常使用的食材之一。和花椰菜一起燉煮到軟嫩入味，這道素菜料理廣受歡迎。

▲馬鈴薯燉花椰菜 (Aloo Gobi)

烤奶酪(Paneer Tikka)

Paneer是由牛奶製成的奶酪，口感上類似豆腐。Tikka則指窯烤料理，食材經過香料醃製後串成串，放入土製烤爐中烹調，因此有Chicken Tikka、Fish Tikka和Mushroom Tikka等多種選擇。

▲ 烤奶酪 (Paneer Tikka)

窯烤雞肉(Tandoori Chicken)

這道烤雞料理發源於北印度，使用優格和香料將去皮雞肉醃製入味，然後放入土製烤爐中燒烤。烤爐的使用為雞肉增添了一層煙燻風味。這道菜是全世界喜愛印度料理的人士推薦的開胃菜。

▲ 窯烤雞肉 (Tandoori Chicken)

主菜(Main)

通常是有湯汁(Gravy)的餐點，用來搭配烤餅或飯一起吃。

黑扁豆咖哩(Dal Makhani)

這是一道經典的北印度料理。Dal是指豆類，通常由黑扁豆與其他豆類長時間烹煮後，加入濃郁的奶油醬汁。這道菜可搭配香飯或印度餅享用。

▲ 餐廳黑扁豆咖哩搭配香飯

燉羊肉(Rogan Josh)

喀什米爾最有名的羊肉料理，經過燉煮的羊肉非常可口軟嫩。

▶ 燉羊肉 (Rogan Josh)

香料奶油雞(Butter Chicken)

北印度料理中最經典的一道菜肴，將窯烤雞(Tandoori Chicken)加入醬汁的料理。這款醬汁是以番茄、香料和奶油經過長時間熬煮後過篩而成，口感非常滑順，味道濃厚，非常適合搭配印度餅。

▲ 香料奶油雞 (Butter Chicken)

印度餅(Bread)與米飯

吃印度料理不能不搭配麵餅，試試跟印度人一樣用手抓餅，嘗嘗允指的感覺。

烙麥餅(Chapati)

未發酵的全麥麵團製成的薄餅，是北印家庭最常食用的主食。

▶ 製作烙麥餅(Chapati)

囊餅(Naan)

由白麵粉製成的麵團經過烤爐烘烤後的印度餅，一般家庭不會有烤爐，是在餐廳才能吃到的烤餅。通常有原味烤餅(Plain Naan)、奶油烤餅(Butter Naan)以及蒜味烤餅(Garlic Naan)等口味。

▲ 烤囊餅(Naan)

印度香飯(Biryani)

這是一道由阿拉伯人帶入印度的穆斯林料理，將多種香料、蔬菜或肉類與白米一起炊煮的飯類料理。由於這道菜通常較辣，因此常常會搭配優格，以中和辣度。

貼心 小提醒

印度主食分量大

印度料理餐廳的主食分量通常較大。如果4人用餐，點兩道前菜，並各選一道葷和素的主食，再搭配每人兩片烤餅或飯，分量就相當足夠。

特色早餐

傳統的印度式早餐也離不開餅類，通常飯店或民宿都會提供以下幾種現點現做的美味早餐。

布里(Puri)

全麥麵團經過油炸後形成圓球狀的中空印度餅，通常搭配馬鈴薯或鷹嘴豆料理作為早餐。在飯店享用早餐時，通常會提供現炸的布里。

▲ 市集內的布里(Puri)攤販

薄餡餅(Paratha)

這是一種在烙麥餅的麵團中加入馬鈴薯、青菜和香料等食材製成的內餡麥餅。

▲ 薄餡餅 Paratha

馬薩拉歐姆蛋(Masala Omelet)

加入洋蔥、馬鈴薯或蘑菇的現做歐姆蛋，搭配烤土司，是一道知名的街頭美食。

▲ 馬薩拉歐姆蛋(Masala Omelet)

多薩(Dosa)

　　號稱印度版本的可麗餅的南印度特色餐點，使用米磨成的漿製成薄脆餅。這種餅會捲成圓管狀，內餡可能包括洋蔥、番茄或馬鈴薯等，也可以單獨享用薄餅。

▲多薩(Dosa)

甜點

　　印度人喜愛甜食，因此餐後必須來一道甜點作為完美的句點，至少要品嘗一次印度甜點。

玫瑰糖球(Gulab jamun)

　　將牛奶與麵粉製成的小麵團球油炸後，浸泡在含香料的玫瑰糖漿中，是一道深受印度人喜愛的甜點。

▲玫瑰糖球(Gulab jamun)

香料冰棒(Kulfi)

　　這是一道源自德里地區的傳統牛奶冰淇淋，與一般冰淇淋相比，更加濃厚。是將牛奶慢慢熬煮至焦糖化後，放入圓錐狀的金屬製冰盒內，食用時，再加入堅果和番紅花裝飾，即可享受傳統口味的香料冰棒。

▲香料冰棒(Kulfi)

番紅花甜奶球(Ras Malai)

　　這是一道印度人認為相對健康的甜點，使用牛奶起司製成的鬆軟圓餅，浸泡在含有番紅花、堅果和果乾的牛奶中。

▲番紅花甜奶球(Ras Malai)

飲料

　　除了印度奶茶，印度各地還有許多獨特的冷飲，以下是幾款必須嘗試的印度特色冷飲。

印度優格(Lassi)

　　夏季最普遍的消暑飲料就是印度優格。原味或加入芒果等水果口味，是北印度必喝的飲品。

▶印度優格(Lassi)

檸檬蘇打(Lemon Soda)

　　印度街頭常見販賣檸檬蘇打的攤車，提供鹹口味和甜口味。一般家庭則喜愛喝加入薄荷葉的檸檬水。

▶檸檬蘇打的攤車

番紅花茶(Kashmiri Kahwa)

　　番紅花茶是喀什米爾地區獨特的熱飲，使用當地生產的綠茶，並加入香料、堅果和番紅花製成。

▲番紅花茶(Kashmiri Kahwa)

印度啤酒(Indian Beer)

喜愛啤酒的遊客都不會錯過品嘗當地生產的啤酒。Kingfisher是印度銷售量最好的啤酒品牌之一，而在北印度山區城市，還有使用當地水果製成的無酒精啤酒。

◀ Kingfisher啤酒

豆知識

全國禁酒日 Dry Day

這天是嚴格禁止販售酒精飲料的日子，通常是重要慶典、宗教節日或部分國定假日。而且不同邦的Dry Day各不相同。原本販售酒精飲料的店家會在餐廳貼上「Dry Day」字樣，提醒客人今天不販賣酒精飲料。

行家祕技

印度定食Thali

印度料理餐廳有時會提供套餐，將店內最具特色的餐點組合在一起，類似於日本的定食概念。這對於點餐沒有頭緒或是獨自旅遊時，是最佳的用餐選擇。

▲ 附有甜點的Thali

無酒精調酒(Mocktail)

印度餐廳常見的飲料選項是無酒精的雞尾酒，其中最受歡迎的是莫吉多(Mojito)，即薄荷檸檬蘇打。為了與含酒精的雞尾酒區分，無酒精雞尾酒的名稱前會加上Virgin，例如：Virgin Mojito和Virgin Bloody Mary。

▲ 無酒精調酒(Mocktail)

街頭美食

印度街頭有許多美味且平價的美食，但因為衛生條件較差，腸胃較弱的遊客不建議嘗試。如果想品嘗，選擇高溫烹調過的食物會比較安全。不過，有些餐廳會提供這些知名的街頭點心，讓外國遊客也能體驗街頭美食。

帕尼布里(Pani Puri)

Pani是水的印地語，Puri則指油炸麵球。這種麵團被油炸成中空的小圓球，外酥內脆。用手挖一個洞，填入洋蔥、馬鈴薯和豆子，再加入香料水，這是印度街頭常見的點心。

▲ 餐廳內的帕尼布里(Pani Puri)

脆脆的口感加上獨特的香料水，深受大家喜愛。

薩莫撒(Samosa)

金黃色的油炸三角形點心被稱為「印度咖哩餃」。用麵皮包裹加了香料和青豆的馬鈴薯泥，油炸後變得金黃酥脆，成為一道美味的小吃。這種點心通常會搭配印度奶茶，是作為下午茶的絕佳選擇。

▲販賣各種炸麵團點心的攤販

炸糖漿甜麵圈(Jalebis)

一圈圈的炸麵團浸泡在糖漿中，呈現半透明的橘色，這就是Jalebi。它通常是節慶或婚禮上的點心。剛炸好的Jalebi是最好吃的，口感類似於甜的油條。

▲餐桌上的甜麵圈 (Jalebi)

Raj Kachori

也是以炸麵團Puri為基底的點心，與Panu Puri相比，它的體型更大且更精緻。在脆的Puri上，淋上優格、綠色的香菜酸辣醬、紅色的羅望子醬，並加入馬鈴薯塊，最後用紅石榴裝飾，呈現出一道非常繽紛的點心。

▲Raj Kachori

瓦達包(Vada Pav)

這是一款素食的街頭點心，常見於孟買地區，因此被稱為「孟買漢堡」。它由小餐包組成，內部抹上綜合香菜醬汁，並夾入油炸的馬鈴薯泥餅。

▲瓦達包 (Vada Pav)

西藏餃子(Momo)

這是一道由西藏人帶到印度的點心，外型與水餃相似，但Momo大多是蒸或煎炸的。它常見於藏族餐廳或北印山區的街頭，成為一道受歡迎的小吃。

▲西藏餃子 (Momo)

炒泡麵(Maggie)

Maggie是速食麵的品牌，在印度的山區旅遊景點，常見販賣Maggie炒泡麵的攤販。這道美味點心通常會加入洋蔥、番茄等蔬菜，或者雞蛋，與泡麵一起快炒而成。

▲炒泡麵 (Maggie)

餐廳選擇與推薦

印度餐飲業很競爭，餐廳設計都頗富巧思。

德里

Daryaganj Restaurant

這家傳統北印度料理餐廳成立於 1947 年，正值印度與巴基斯坦分治之際，由巴基斯坦移民到印度的旁遮普難民創立。它是印度總理尼赫魯最喜愛的餐廳，號稱是黑扁豆咖哩 (Dal Makhani)、窯烤雞肉 (Tandoori Chicken) 以及香料奶油雞 (Butter Chicken) 料理的發明者。

✉ WORLDMARK-1, Aerocity, New Delhi／🕐13:00～16:30、18:30～23:00／🌐daryaganj.com

Indian Accent

這家餐廳曾多次獲選為世界前 50 大餐廳，深受遊客喜愛，以新潮的方式呈現傳統印度料理的美味。晚餐至少需要提前 1～2 個月預訂。甜點也相當有特色，將傳統的街頭點心放入特製的迷你快鍋中，並且擺滿印度紙鈔的甜點，也非常受歡迎。

✉ The Lodhi Hotel, Lodhi Rd, Pragati Vihar, New Delhi／🕐午餐12:00～14:45；晚餐19:00～21:00、21:45～00:00／🌐www.indianaccent.com

Orient Express

在德里泰姬宮殿飯店 (Taj Palace Hotel) 內，這家餐廳復刻了歐洲東方快車的車廂，供應歐式餐點。菜單靈感來自東方列車途經的各個歐洲國家的特色美食，並以優質的服務和高級美食而屢次獲得各種獎項。

✉ Taj Palace Hotel, Diplomatic Enclave, New Delhi／🕐18:30～23:45／🌐reurl.cc/mMxgxV

Karim's

這家舊德里知名的羊肉料理餐廳成立於 1913 年，由曾經是蒙兀爾帝國的皇家廚師創建，最著名的料理是羊肉燉馬鈴薯 (Alu Gosht)。老店位於舊德里靠近賈瑪清真寺的小巷中，除了提供美味的食物，店內的傳統氛圍也讓遊客感受到濃厚的歷史韻味。

✉ 16 Gali Kababian, Jama Masjid, Old Delhi／🕐12:00～23:00

Majnu Ka Tilla西藏村

德里北邊的一個藏人聚集社區，聚集許多美味的藏式料理餐廳和街頭美食。由於這裡的餐點相較於德里其他地區便宜，因此深受年輕人喜愛。不過，這個區域的店面大多位於狹小的巷弄內，交通相對較為複雜。

✉ Majnu Ka Tilla colony，Delhi／🕐 12:00～19:00

阿格拉

Bellevue

位於阿格拉的 The Oberoi Amarvilas 飯店內，可以在陽臺座位上欣賞到泰姬瑪哈陵的壯觀景色。這家餐廳就位於泰姬瑪哈陵東門入口旁，若參觀完泰姬瑪哈陵後想要稍作休息，這裡是一個不錯的用餐選擇。

✉ The Oberoi Amarvilas, Taj East Gate Rd, Agra／🕐 13:00～22:30／🔗 rreurl.cc/nvxRR

Berco's Tajganj Agra

這是一家連鎖中式餐廳，是阿格拉相對少見的異國料理選擇。這裡的料理是印度式中餐，較多使用勾芡醬料。對於想要換換口味、不再吃印度料理的人來說，這裡是一個不錯的選擇。

✉ Ground Floor, Howard Plaza -The Fern, Tajganj, Agra／🕐 11:00～23:30／🔗 rbercos.net.in

Tastway Roof Top Café & Restaurant

這是一家距離泰姬瑪哈陵步行距離的平價家庭式餐廳。雖然沒有華麗的室內裝修，但高CP值的印度家庭式料理深受各國背包客的喜愛。

✉ Shilpgram Rd, Phase 1 MIG – 17, Agra／🕐 10:00～22:00

The Salt Cafe

這家位於阿格拉的知名複合式餐廳，提供印度式料理與西式餐點，還有各種新潮的飲料可供選擇。因多樣化的菜單和時尚的氛圍，成為許多年輕族群喜愛的新潮餐廳。

✉ 1C, 3rd Floor, Fatehabad Rd, Agra／🕐 12:00～00:00／🔗 www.facebook.com/saltedagra

Barbeque Nation Agra

這是一家印度連鎖烤肉餐廳，採取無限量供應的方式。服務人員會將已經烤熟的素食或葷食串燒作為前菜送至桌邊，之後再提供各式自助式餐點和甜點。這種餐廳型態非常受印度家庭聚餐時的喜愛。

▲ 使用炭火保溫的烤串

✉ Ashok Cosmos Mall, 3rd, Sanjay Place, Civil Lines, Agra／🕐 12:00～15:30、18:30～22:30／🔗 www.barbequenation.com

💗 貼心 小提醒

阿格拉的餐廳選擇不多

雖然阿格拉擁有全印度最受矚目的景點泰姬瑪哈陵，但相較於德里和齋浦爾，這座城市的城市建設仍顯得相對落後。遊客大多會選擇在飯店內的附設餐廳用餐，較經濟的選項則是前往靠近泰姬瑪哈陵的青年旅館頂樓餐廳，或是麥當勞和肯德基也是相當不錯的選擇。

▲ 泰姬瑪哈陵造型巧克力

齋浦爾

1135 AD

位於齋浦爾著名的琥珀堡內，1135 AD 餐廳是一家高級古蹟餐廳。這裡曾是宮殿內的宴會廳，內部保留了許多皇室裝飾品，至今仍有皇室成員偶爾在此宴客或招待重要貴賓。在這裡用餐，可以感受到百年以前的輝煌時期，是齋浦爾最具氛圍的餐廳之一。

✉ Amber Palace, Jaipur 入口並不明顯要注意指標／🕐 19:00～23:00／🌐 www.facebook.com/1135AD

Suvarna Mahal

這家位於倫巴宮殿飯店（Rambagh Palace）內的高級印度料理餐廳，以豪華的內裝聞名，擁有天花板上的水晶燈、歐洲濕壁畫以及牆上的鍍金雕花鏡。在這裡用餐，彷彿置身於古代宮殿，感受到獨特的用餐氛圍。

✉ Bhawani Singh Road, Jaipur／🕐 19:00～23:45／🌐 reurl.cc/oymqED

Green Pigeon Restaurant

這是一家傳統的露天餐廳，供應中等價位的印度料理。在用餐時段，顧客可以欣賞到拉賈斯坦的傳統舞蹈表演。

✉ 983, West Govind Nager, Amer Rd, Jaipur／🕐 10:00～22:00

Bar Palladio Jaipur

這是一家當地新潮的酒吧類餐廳，供應西式料理。餐廳內部運用了齋浦爾古蹟元素裝飾，色彩大膽前衛，非常適合拍照，是一間受歡迎的網紅餐廳。

✉ Kanota Bagh, Narain Singh Road, Jaipur／🕐 16:00～00:00／🌐 www.bar-palladio.com

The Tattoo Cafe & Lounge

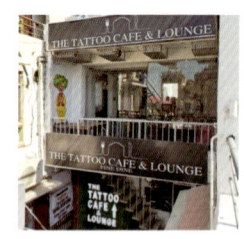

這家屋頂餐廳位於齋浦爾的地標「風之宮殿」（Hawa Mahal）前方，是拍攝風之宮殿的最佳位置。從服飾店旁的小樓梯上去，可以找到幾家主打最佳拍攝角度的餐廳。需要消費才能入內拍照。

✉ 3rd floor, 30, Hawa Mahal Rd, Jaipur／🕐 08:00～23:00

Lassiwala

這是一家知名的優格飲 Lassi 店，使用陶杯盛裝的 Lassi 更加美味。店家還販賣炸咖哩餃（Samosa）和 Raj Kachori 等點心。三家並排的 Lassi 店由不同老闆經營，每一家都自稱是創始店，全部都深受遊客喜愛。

✉ Shop 312, Mirza Ismail Rd, Jayanti Market, Jaipurr／🕐 07:00～16:00

平價美食與異國料理

即使是國際連鎖速食品牌也會有專為印度口味設計的餐點。

在印度有各式各樣，各種價位的餐廳，尤其是大城市的餐飲業更是競爭，有價格昂貴的高級餐廳，當然也就有一般價位的大眾美食可以選擇。印度的城鄉差距極大，到了2、3線城市通常能夠選擇的餐飲店種類就比較有限，大部分還是以印度料理為主。挑選餐廳時選擇較知名的餐廳或者選在入住的飯店內餐廳，比較不用擔心衛生問題。

Haldiram's

發源於印度甜點之都「比卡內爾」（Bikaner）的Haldiram's是一家將近90年的老店，將點心產品製成太空包並銷售到全世界。現在，Haldiram's也在德里周邊城市開設了連鎖餐廳，以美食街的方式販售印度料理簡餐與街頭點心，價格優惠且環境乾淨。這裡可以品嘗到各種不同的街頭美食以及印度知名餐點。

✉6, Block L, Connaught Place, New Delhi／🕘08:30～22:30／🔗international.haldiram.com

Natural's

這是一個標榜純天然的印度冰淇淋品牌，也是深受印度人喜愛的冰淇淋品牌之一，分店遍布全印度。最值得嘗試的是各種當季水果口味的冰淇淋：夏天可以選擇芒果口味，冬天則不妨試試季節限定的草莓口味。此外，釋迦、芭樂和荔枝口味的冰淇淋也都非常特別。

✉Block L, Connaught Place, New Delhii／🕘10:00～01:00／🔗naturalicecreams.in

麥當勞(MacDonal's)

印度的麥當勞特色在於專為印度設計的素食餐點，包括素食漢堡和奶酪(Paneer)捲餅與派，充滿印度風味。顧客可以使用自助點餐機來點餐，省去語言不通的問題。在一些禁止售賣葷食的城市，餐廳只提供素食餐點，另外也有提供早餐。

肯德基(KFC)

相較於麥當勞，更常見於印度。在這個以雞肉為主的國家，肯德基的炸雞比起其他國家的肯德基更為出色。

達美樂(Domino's)

印度人以餅為主食，所以也特別愛吃Pizza。達美樂是平價Pizza的首選，分店眾多，幾乎在每個百貨公司美食街或市集都能看到。

潛艇堡(Subway)

販售潛艇堡連鎖餐廳，在印度全國擁有許多分店，甚至在校園或住宅社區內也能找到。可見印度人對Subway的喜愛。這裡的特色是，點餐區與備餐區分為葷食區和素食區，讓素食者能夠安心用餐。

Starbucks

星巴克在印度與當地最大的TATA集團合作，目前已有400家分店，並計畫以每週開設2家分店的速度擴展，進入印度這個喜愛喝茶的市場。

異國料理

在印度，異國料理的選擇相對有限，最常見的異國餐點是 Pizza 和義大利麵。其次是韓國餐廳。正宗的中式餐廳並不多，但有不少印度式的中餐廳。

Kofuku

德里市中心的道地日式餐廳，是居住在德里的日本人喜愛的餐廳之一。

✉ BG-09, Block B, Ground Floor, Ansal Plaza Mall, New Delhiv／🕐12:00～23:00／🌐kofuku.co.in

Chili's Grill & Bar

知名美國連鎖餐廳 Chili's 在印度各大城市設有多家分店，主要供應美式漢堡餐點。與美國不同的是，印度的 Chili's 主要以雞肉、羊肉和海鮮為主，北印度的分店則不提供牛肉類食品。

✉ M-9,Block M,Radial Rd Number 7, Connaught Place, New Delhi／🕐12:00～24:00／🌐chilisindia.com

Mr. K RAMYUN CAFE

這是一家韓式快餐店，在德里市區有多家分店，主要提供辛拉麵料理和韓國壽司等簡餐。

✉ Shop.5, Ground Floor, Community Center, New Delhi, Delhi 110016／🕐10:00～22:00

Nanking Chinese Restaurant

德里市區較知名的中餐廳，提供的口味較接近正宗中式料理。印度人對中式餐點的喜愛，主要深受於加爾各答的老中國移民影響。

✉ C6, Avenue 1, Pocket 6, Sector C, Vasant Kunj, New Delhi／🕐12:00～23:00／🌐www.nankinghospitality.com

Diggin Café

Diggin 咖啡是一家庭園式餐廳，提供戶外座位，主要餐點為義式料理。用餐時間經常會有許多人排隊等候，但等待時可以逛逛旁邊的店鋪來打發時間。

✉ Santushti Shopping Complex Shop No-10 Opp Samrat Hotel, New Delhi，／🕐12:00～23:00

外送平臺

印度的外送餐點很方便，許多知名餐廳都可以通過外賣平臺訂餐，也可以外送日用品。最大的兩家外送平臺如下。

Zomato

也有預定餐廳的服務。使用國外信用卡支付有時可能會失敗，建議選擇現金支付。不過，對於較大金額的訂單，有些餐廳可能會拒絕到付。

Swiggy

和 Zomato 略有不同，折扣也各有特色，因此可以進行比較。除了送餐功能外，這些平臺還提供快送日常用品以及尋找餐廳的服務。

貼心 小提醒

部分飯店禁止攜帶外食

如果送餐地點是飯店，需注意是否有禁止攜帶外食的規定。如果有這種限制，送餐人員可能無法進入飯店，可以提前與送餐人員約定在飯店外面取餐。

購物篇
Shopping

在印度，買什麼紀念品？

印度擁有許多精美的手工技藝，例如獨特的棉布印刷工法、手工編織圍巾、繪畫以及寶石鑲嵌技術，這些工藝也廣泛應用於日常用品上。此外，由印度阿育吠陀醫學衍生的各類美容商品，也是印度獨具特色的產品。

The Source India
4,Hauzkhas Village
8744983215
Ph. 011-45924551
Ajay Kumar
9810119881
PK BANARAS
ART GALLERY
5A Ground Floor, Houz Khas
Village New Delhi-110016
Email: pkbanarasgallery@gmail.com
web: http:// pkbanarasart.com
Kashmiri Garden
The Source India
4,Hauzkhas Village
The Source India

印度購物須知

風土民情都與亞洲存在極大差距的印度，購物時需要特別注意什麼？

勿隨意觸摸商品

在印度的某些熱門觀光景點，一些小販會在遊客下車的地方等候，並展示各種新奇商品。如果你並不打算購買，千萬不要伸手去拿或觸碰這些商品。因為有些不肖小販可能會趁你伸手的時候將商品摔到地上，然後誣陷你破壞商品，要求高額賠償。通常他們會有同夥在旁邊，如果不付錢，可能會面臨一群人圍上來的情況。

▲兜售商品的小販

商店營業時間

印度一般的百貨商場和傳統市集通常從上午11點開始營業至晚間22點。由於有些店面會在11點才開始準備，因此最好在中午12點以後再前往。如果是在百貨商場內的餐廳，通常也是在12點以後才會營業。

殺價

與商家議價也是購物的一種樂趣。在印度的商店和百貨公司，商品通常是明碼標價，只有在折扣季會有固定的折扣。若是前往市集或攤販，則可以進行議價。市集的商家通常會對外國遊客開出較高的價格，如果周圍有類似商品，可以從5折開始出價。有些商品若標示為FIX PRICE，則表示是固定售價，不接受議價。

如果是藝術家或設計師的商品，盡量不要提出過低的價格進行議價，否則可能讓商家不快。如果並非有意購買，也不應該隨便提出議價，因為有些攤販會認為你出價就是有意購買。如果他們同意你的價格而你卻不購買，可能會持續糾纏著你，造成困擾。

▲ 標價下方有FIX PRICE就是不接受議價

商品標價

根據印度政府的規定，所有合法販售的商品都需要在外包裝上標示售價，標籤上顯示的價格是MRP(Maximum Retail Price)，即「最高零售價」，幣別標誌為₹或Rs。商店通常會依照MRP收費，但有些商店為了促銷，會以低於MRP的價格進行販售。

▲ 商品上的標價

預備購物袋

印度已頒布禁用塑膠袋的法令，因此商家不再提供免費的購物袋。額外購買的購物袋通常是紙袋，容易破損且不耐用，因此建議遊客自行準備購物袋。

退稅

目前，印度尚未對外國遊客實施退稅制度，但印度政府正計畫推動這項政策，期望在不久的未來能為造訪印度的遊客提供這項優惠措施。

印度特色禮品

到印度旅遊時，絕不能錯過當地精美的手工藝品，以優惠的價格購買這些傳承百年的工藝品，不僅印度本地人仍愛使用，遊客們也非常喜愛。像是由喜馬拉雅高山羊毛製成的圍巾，以及全棉印花服飾，都是具代表性的商品。

必買商品

印度的工藝品與獨特的印度風格商品深受全球消費者的喜愛，許多遊客因為印度商品的吸引力而對印度文化產生興趣，進而前往印度旅遊。因此，到了印度時，絕對不要錯過購買當地特色商品的機會。

▼蓋印的木章

▲齋浦爾街頭販賣服飾店面

印花棉布製品

使用木頭印章，搭配天然染料將圖案蓋印在棉布上，這就是最具特色的印度蓋印布。這種蓋印布常被製作成印度日常穿著的服飾，稱為「庫塔」(Kurta)，也可以用來製作窗簾、棉被等各類家飾用品。

▲一條刺繡圍巾可能花上一年時間來完成

羊絨圍巾

使用印度北部喜馬拉雅山區特種山羊毛製成的羊絨圍巾，工藝源自波斯，曾是皇室用品的象徵。羊絨取自山羊下巴的毛髮，因此特別柔軟。印度各地有許多市集販售羊絨圍巾，但在專賣店選購，品質會更有保障。

豆知識
Cashmere與Pashmina有什麼不同？

Pashmina是由喀什米爾工匠運用傳承的古老技藝，將羊毛原料以手工紡織成更纖細的羊毛紗線，然後再手工編織成圍巾，因此Pashmina更加輕薄和柔軟，價格也相對昂貴。相比之下，Cashmere通常是經由機械加工製作，但精緻度上略有不同。

購物篇

印度茶葉

茶葉可以說是印度伴手禮首選，可以購買阿薩姆(Assam Tea)、大吉嶺(Darjeeling)，或尼爾吉里(Nilgiri)紅茶，這三個品種是最具代表性的印度紅茶。在印度，紅茶多以散裝茶葉販售，茶包較為少見。

◀ 包裝精美的印度茶葉禮盒

印度手工鞋

購買印度傳統服飾後，不妨搭配一雙款式獨特的印度傳統鞋子——Jutti。這是北印度常見的鞋款，其特色為平底和尖頭，鞋面材質可為布料或皮革，且不分左右腳。Jutti非常適合搭配印度的庫塔或紗麗，男款和女款各有不同的設計風格。

手工銅製水壺與杯子

在印度傳統家庭中，出於健康考量，常使用銅製容器盛裝飲用水。根據古老的阿育吠陀文獻，銅容器釋放的微量元素對頭腦和心臟有益。一些傳統印度料理餐廳也會使用銅水壺來盛裝飲用水，為客人提供服務。

▼ 大理石鑲嵌技術

大理石製品

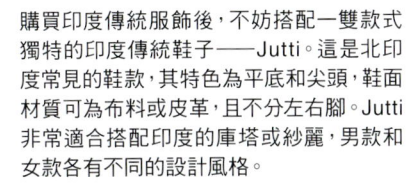

泰姬瑪哈陵牆面上的精美寶石鑲嵌工藝在阿格拉仍然盛行，成為當地極具紀念價值的伴手禮之一。遊客可以選購比較容易攜帶的大理石杯墊、珠寶盒或小型擺飾品，作為獨特的紀念品。

藍瓷製品

因為使用天然金屬顏料「鈷藍」在陶瓷上繪製圖案，這種陶瓷被稱為藍瓷(Blue Pottery)，是齋浦爾地區最著名的特色商品之一。當地店家常說，歷任美國總統訪問印度時，藍瓷都是他們必買的印度禮物之一。

◀ 藍瓷商品

當地知名品牌

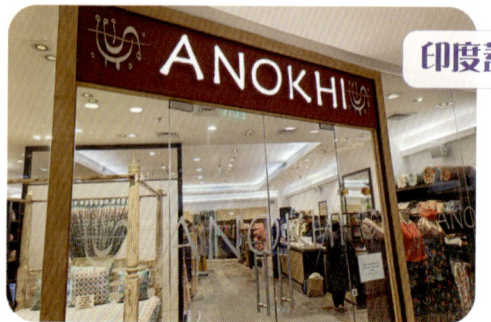

印度蓋印服飾品牌

Anokhi是專售齋浦爾蓋印棉布服飾的品牌,可以說是印度的國民服飾品牌,並熱銷到許多國家。雖然在印度市集上都能找到蓋印服飾,但Anokhi以花色設計和優雅風格著稱。另一個同樣知名的品牌是FabIndia,除了服飾外,還販售有機食材、家具、家飾品以及保養品。
Anokhi網站：www.anokhi.com
FabIndia網站：www.fabindia.com

▲Anokhi專賣店

印度茶葉品牌

若要購買CP值高的茶葉,可以選擇有機健康茶品牌Organic India,除了有專賣店外,也能在超市找到。另一個在高級超市內常見的茶葉品牌是Hillcart Teas,除了紅茶外,還有不少花果風味茶,其使用紗布製成的茶包和精美包裝非常適合作為伴手禮。另外,不容錯過的茶葉品牌是San-Cha Tea,這個品牌販售優質茶葉,並在德里開設茶葉精品店,顧客可以品嘗後再購買,精美的包裝更是高級伴手禮的首選。
Organic India網站
organicindia.com
Hillcart Teas網站
www.thehillcarttales.com
San-Cha Tea網站
sanchatea.com

印度阿育吠陀保養品

利用印度古老的阿育吠陀經典智慧,將天然植物應用於護膚上已經存在許久。例如,會使用古法蒸餾的天然香精,並以植物磨成的粉末作為清潔劑。在印度,有許多大小不一的阿育吠陀護膚品牌,其中最為國際所熟知的包括注重香味與功能的Forest Essentials、重視功能性的KAMA Ayurveda,以及開架式的Himalaya,這些品牌的商品都享有良好口碑。玫瑰水、香皂、牙膏、洗髮護髮精與洗臉精是最受歡迎的品項。
Forest Essentials網站
www.forestessentialsindia.com
KAMA Ayurveda網站
www.kamaayurveda.in
Himalaya網站
himalayawellness.in

百貨公司與市集

德里不僅有數個國際化的百貨商場，也有富有當地風格的傳統市集值得逛逛。

購物篇

作為印度的首都，德里是大多數遊客入境的第一站，擁有眾多不同型態的購物地點，讓喜愛採買當地特色商品的你盡享採購樂趣。

德里百貨公司

德里的百貨公司除了品牌商店外，還有許多美味的餐廳和經濟實惠的美食街，並設有電影院和超市。行程中可以安排一天前往這些地區，體驗印度的現代化生活。

Select Citywalk Mall

位於南德里Saket地區的大型百貨商場，不定期舉辦市集的戶外廣場。匯聚了當地品牌和許多知名國際連鎖品牌，有美食廣場、餐廳及超市。

✉ Mandir Marg, Sector 6, Saket, New Delhi, Delhi 110017, India／🕐 10:00～23:00

▲Select Citywlk mall 中庭常有特色商品特展

Vasant Kunj 百貨商圈

Vasant Kunj百貨商圈距離德里機場約20分鐘車程處，是由三家大型百貨公司相連的購物區。

■**Ambience Mall(Vasant Kunj)**：商品類別較廣泛，有高價位的精品也有當地品牌，頂樓有美食廣場以及餐廳可以用餐。Smart Bazaar超市的入口則是在地面樓層(Ground Floor)。

■**DLF Promenade**：販售中高價格的商品，許多中高級餐廳供選擇，頂樓有美食廣場以及電影院。

■**DLF Emporio**：國際精品店，用餐選擇較少。

✉ 2, Nelson Mandela Marg, Ambience Island, Vasant Kunj, New Delhi／🕐 11:00～21:30／🌐 www.ambiencemalls.com

▲占地廣闊的百貨商圈

DLF Avenue

緊鄰Select Citywalk Mall，兩座商場之間設有連通的通道。是德里較新的百貨商場，以美食餐廳為主要亮點。

✉ Mandir Marg, Sector 6, Saket, New Delhi, Delhi 110017, India／🕙 10:00～23:00／🔗 www.dlfavenue.com

▲ DLF Avenue 戶外廣場經常舉辦特色市集

The Chanakya Mall

The Chanakya號稱貴婦百貨，連鎖電影院PVR在此設有高級的Gold Class廳，而地下一樓的餐廳則供應多種異國美食。

▲ 位於使館區的高級百貨

✉ Opposite Chanakyapuri Post Office, Chanakyapuri, New Delhi／🕙 11:00～21:00／🔗 www.thechanakya.com

▲ 中庭咖啡館是德里貴婦最愛的下午茶場所

Ambienca Mall (Gurugram)

印度排名第二大的百貨商場位於古爾岡(Gurugram)，距離德里機場僅需20分鐘車程。占地近200萬平方英尺的商場，匯集了眾多知名品牌店鋪、異國美食、印度料理餐廳及娛樂設施。

✉ NH-8, Ambience Island,DLF Phase 3,Sector 24, Gurugram,Haryana,India／🕙 10:00～22:00／🔗 www.ambiencemalls.com

DLF Mall of India

號稱印度最大的百貨商場，屬於DLF集團，位於衛星城市諾伊達(Noida)，距離德里市區約30～40分鐘車程。這座占地超過200萬平方英尺的商場，空間寬敞，較德里其他商場更具規模，是一座複合式百貨商場。

▲ 百貨中庭會配合節日設置特色裝飾

✉ Sector 18, Noida, Uttar Pradesh 201301, India／🕙 10:00～23:00／🔗 www.dlfmallofindia.com

貼心小提醒

進入百貨需要安檢

進入德里的百貨商場都需經過安檢，手提包需通過X光機檢查，且禁止攜帶打火機進入。男、女顧客則分別通過各自的金屬探測門進行安檢。

德里特色市集

在德里大型百貨商場尚未進駐之前，購物主要依賴開放式的市集，這些市集匯聚了各式商店，充滿當地特色。不僅能找到富有特色的紀念品，還可以享受議價的樂趣。

可汗市場(Khan Market)

德里市區最受觀光客歡迎的市集之一，匯聚了許多印度知名的服飾、保養品和紀念品店。還有販售進口零食與水果的小型雜貨店。這個地區擁有眾多新潮的咖啡店、甜點店以及異國料理餐廳，是體驗多元美食文化的理想場所。

✉ Khan Market, New Delhi ／ ⏰ 10:00～24:00

▲ 可汗市場兩層樓的Anokhi最受遊客喜愛

行家秘技：Anokhi和FabIndia這裡買最齊全

如果想購買知名的印度服飾品牌Anokhi或FabIndia,可汗市場的分店是最新且最齊全的選擇。行程中可以安排在可汗市場享用午餐，午餐後則可逛逛商店。

康諾特廣場(Connaught Place)

位於德里中心地帶的康諾特廣場購物商圈，建築已有超過90年的歷史，是一座巨大的白色圓形建築。廣場下方是地鐵Rajiv Chowk站。各大知名品牌和各式餐飲店應有盡有，是一個時時刻刻都十分繁忙的商圈。

✉ Connaught Place, New Delhi ／ ⏰ 10:00～00:00

▲ 位於康諾特廣場內的國際連鎖服飾店

▲ 除了逛街購物還可以欣賞古蹟建築

貼心小提醒：康諾特廣場人潮眾多，注意安全

康諾特廣場的遊客眾多，吸引了許多乞丐聚集，還有不少搭訕遊客的掮客，建議遊客不要輕易相信陌生人，並特別注意隨身物品。

占帕斯市集(Janpath Market)

占帕斯市集位於康諾特廣場旁的Janpath路，是一個深受當地人喜愛的市集，主要販賣印度伴手禮以及價格低廉的服飾和鞋子。

✉ Janpath Road, New Delhi ／ 🕐 11:00～21:00

▲ 占帕斯市集是當地人最愛的廉價服飾市集

▲ 手工串珠餐墊

傳統工藝市(Dilli Haat – INA)

Dilli Haat是由德里旅遊局設立的手工藝品專區，定期更換攤商，讓遊客能以更合理的價格獲得商品。主要類別包括紡織品、飾品和木雕等富有特色的印度傳統工藝產品。園區內還設有美食區，提供來自印度東北地區的部落美食，讓遊客在逛累時可以享受美食稍作休息。這個市集還會根據不同的節慶舉辦文化表演。與其他市集不同的是，Dilli Haat需收取入場門票，外國人的門票為100盧比。

▲ 富有印度特色商品的市集

✉ INA Market, Dilli Haat, Kidwai Nagar, New Delhi, ／ 🕐 11:00～21:00

▲ 傳統工藝雕刻燈飾

貼心 小提醒

留心假的Dilli Haat市集

由於Dilli Haat市集頗具盛名，德里市區有幾家販賣紀念品的商店也取名為Delhi Haat，可能會讓遊客誤認。務必告訴司機你要前往INA的Dilli Haat市集。也可以搭乘地鐵黃線到INA站，從5號出口出站即，可輕鬆抵達Dilli Haat市集。

豪資哈斯購物區(Hauz Kaus)

　　位於南德里的Hauz Kauz也稱為「藝術村」，這裡靠近德里理工大學和尼赫魯大學，因此吸引了許多年輕人，擁有許多受學生喜愛的商店和餐廳。區內還有藝術家開設的藝廊和服裝設計師的特色商店。

✉Hauz Khas Village, Deer Park, New Delhi／
🕐11:00～00:00

▲藝術家聚集的文青市集

▲藝術村的店面都有不同特色

▲古水庫

雅希旺廣場(YASHWANT PLACE)

　　德里著名的皮革商品購物區因為有許多俄羅斯商人來此採購，故又稱為「俄羅市集」。在這裡，通常以約100美元的價格就能買到一件優質的皮夾克，還有販售印度寶石的店面以及提供換匯服務的商店。

✉Yashwant Place, Chanakyapuri, Delhi／🕐11:00～19:00

山圖希地購物中心(Santushti Shopping Complex)

　　這個花園購物中心坐落在空軍營區，以往僅對軍方眷屬、外籍人士及高社經地位的當地人開放，現在已對大眾開放。商店不多，但都販售高品質的服飾、茶葉和設計師商品。德里知名的老茶行SANCHA Tea Boutique也在這裡開設了一家門市，遊客可以前往試喝他們的各種暢銷茶。

✉Panchsheel Marg, Chanakyapuri, New Delhi／
🕐11:00～22:00

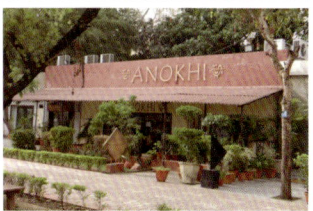

▲坐落在花園內的獨棟店面

▲位於軍事用地的購物廣場

印度超市

大型超市內商品琳琅滿目，廣告標語和陳列方式也很獨特。

在旅途中逛逛當地的超市，除了可以快速了解當地人的生活方式，還能購買到明確標價的商品。

超市介紹

以下推薦三家在印度較為知名的連鎖超市，遊客在市區容易找到。

SMART Bazaar

大型連鎖超市由印度最大的私營企業「信實工業集團」開設，通常設在大型百貨內，販賣的商品種類繁多，包括新鮮食材、調味料、家居用品和服飾等。這些超市以印度當地品牌為主，主打價格實惠。

✉ Ground & Lower Ground Ambience Mall, Vasant Kunj II, New Delhi（德里機場附近的分店）/🔗 relianc-esmartbazaar.com（可到官網找尋商店地點）

Modern Bazaar

Modern Bazaar在德里首都圈擁有多家連鎖店，除了本地雜貨和日常用品外，還提供高級進口食材和生鮮產品。店鋪一般設置在百貨商場內，或者是在外國人居住較多的地區。

🔗 www.modernbazaar.online

24SEVEN

24SEVEN 是一家 24 小時營業的便利商店，主要分布在德里首都圈。這家商店除了販售零食、飲料和日用品外，還提供現做的飲料和加熱的冷凍食品。商品的價格相對較高，通常在熱鬧的市集或商圈中容易找到。

🔗 www.24-seven.in

超市必買商品

由於超市的販售對象通常是當地民眾，且以優惠價格為訴求，因此商品的品質相對一般。適合購買自用紀念品或分享給親友的伴手禮。

清潔與護髮用品

印度受古老阿育吠陀醫學影響，崇尚使用天然草本配方製成的清潔用品和保養品。在超市中，可以找到許多平價且效果良好的品牌。

▲ BIOTIQUE、Medimix都是最受喜愛的阿育吠陀草本洗、護髮精與香皂

▲ 天然染髮粉Henna，需要將粉調製成泥狀在頭髮上敷數小時，天然不傷身

▲ 讓印度人頭髮又黑又亮的髮油。號稱印度人出國不能不帶的物品之一

當地點心

印度人喝印度奶茶時習慣搭配小餅乾，超市內提供各種口味的餅乾，以及街頭小吃風味的零食。不僅能讓人體驗印度的獨特口味，還相對衛生，是不錯的選擇。

▲ 印度點心麵(Namkeen)、綜合堅果與點心麵零嘴。是印度常見的街頭小吃，太空包更加衛生

▲ 綜合印度甜點。常見於印度教門口的甜點攤，因為連印度神都愛吃甜食

▲ Parle-G牛奶餅乾，印度最古老的品牌之一。是搭配奶茶的最佳茶點

▲ 玫瑰蜜球(棕色)、奶豆腐球(白色)，是餐廳常見餐後甜點

路上觀察：街頭小吃Bhel Puri

印度街頭小吃Bhel Puri是由不同種類的點心麵(Namkeen)依照個人喜好挑選後，小販會加入香料並混合均勻，有時還會加入生洋蔥或檸檬汁，增添風味。

泡麵、即食料理包

如果喜歡印度料理但對香料的使用沒有概念，可以考慮購買即食料理包。回家後只需加入新鮮食材烹調，便能輕鬆享受印度美食，讓你在家也能體驗到正宗的印度風味。

▲印度料理即食包，微波加熱即可食用

▲Maggi是印度最受歡迎的即食麵，加上蔬菜或雞蛋煮成乾麵。旅遊景點的Maggi泡麵攤，也是很受歡迎的小吃

茶葉

享譽盛名的印度紅茶是印度旅遊伴手禮首選，在超市可以買到經濟實惠的茶葉。

▲有機茶葉品牌ORGANIC INDIA最有名的是聖羅勒(TULSI)系列茶飲

▲泰姬瑪哈(TAJ MAHAL)品牌的茶葉最受遊客喜愛，有分散裝茶葉與茶包

豆知識
CTC製茶工法

印度國內市場用的紅茶大多是圓球狀，使用CTC工法生產。CTC即壓碎(Crush)、撕裂(Tear)、捲曲(Curl)。這種工法的優點是可以快速沖泡出深色的茶湯，但缺點是容易混入劣質茶葉。

▲球狀的紅茶葉

▶混入綜合香料的紅茶葉

香料

印度的香料種類非常多樣化，在超市購買是最方便的選擇。這裡的香料不僅價格便宜，還相當乾淨衛生。

▲最受印度家庭喜愛的香料

結帳

在印度超市內排隊結帳需要耐心，因為結帳人員通常訓練不足，或是客人不斷詢問問題，導致結帳過程變慢。因此，建議於離峰時間前往超市購物。

超市內通常接受信用卡支付，也可使用現金。不過，現金結帳可能會面臨無法找零的情況，這樣又會耗費更多時間。

印度政府已禁止提供塑膠購物袋，因此商店普遍使用紙袋或布製購物袋，大部分需要額外付費購買。布購物袋的價格約為24盧比（約台幣10元），且不同店家的布袋各具特色，可以作為紀念品帶回台灣。

結完帳後，記得向收銀員索取帳單，因為在超市出口會有守衛核對購物清單與物品，但通常只是形式上的檢查，並不會逐項確認。

▲適合新手的香料，不知道怎麼挑選香料就選這三款。
A：綜合香料（Garam Masala）：類似「五香粉」功能，主要由較溫和的香料組成，不同品牌的Garam Masala配方各有不同，也因此而獨特
B：廚房香料之王（Kitchen King Masala）：比Garam Masala添加更多香料種類，可直接加入料理使用
C：烤雞專用香料（Tandoori Chicken Masala）

▲綜合香料（Masala Mix）：即是泡麵內的粉包，已經調配好可以立即使用的香料粉，可以在炒青菜時加入

▲A：醬汁香料：街頭小吃Pani puri搭配的綠色醬汁香料
B：香料奶茶綜合香料：只需在煮沸的紅茶中加入少許香料，再加入牛奶，即有一杯印度香料奶茶
C：鹹檸檬香料粉：可加入水或是雪碧，是印度人喜愛的夏日冷飲

路上觀察 愛吃甜的印度人

印度人嗜甜食，所以白糖的用量驚人，超市內販售的家庭裝白糖5公斤一包很容易誤以為是白米。

玩樂篇
Sightseeing

印度，哪裡最好玩？

印度幅員廣大，擁有28個邦和8個領地，各自擁有獨特的文化。這個章節將介紹第一次到印度旅遊的行程規畫建議，並推薦其他幾個值得參觀的城市。印度豐富的旅遊資源和多元的人文特色，值得遊客多次造訪，深入探索。

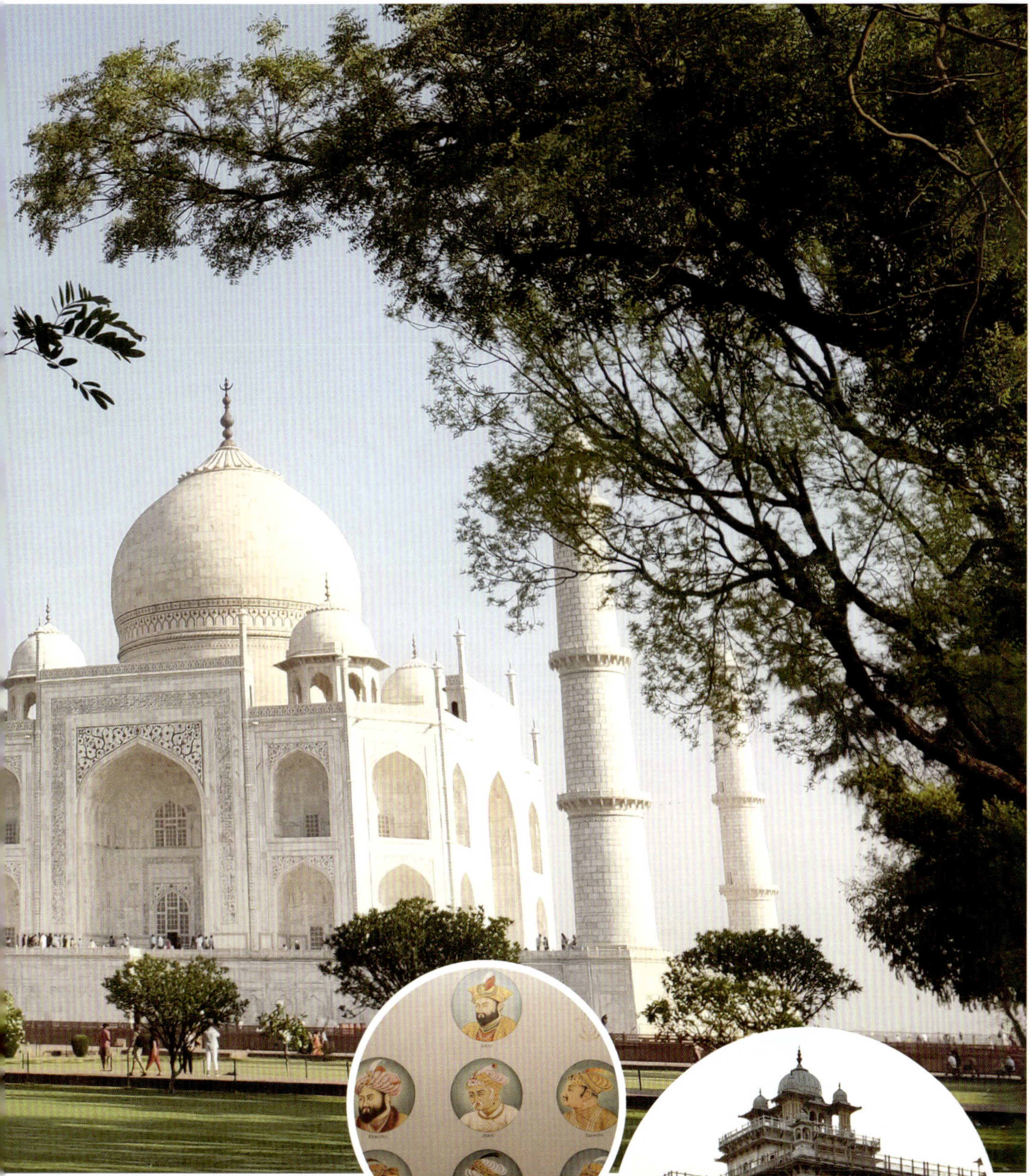

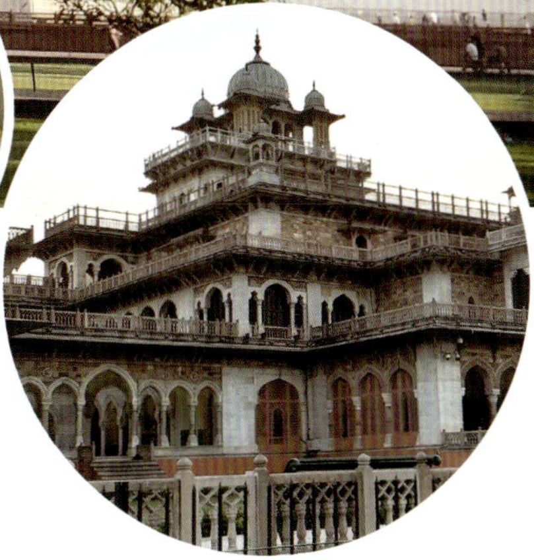

印度主題之旅1

印度特殊體驗

美麗的紗麗和道地按摩不容錯過

除了欣賞古蹟美景，體驗不同城市的當地文化活動會讓旅遊回憶更加豐富。

印度是一個相較於其他先進國家仍保留較多傳統文化的國家，仍擁有許多傳統技藝至今仍被保留，因此在某些城市可以參加這些獨特的文化體驗，或安排觀賞一場電影，了解印度人在日常生活中的休閒活動。

觀賞寶萊塢電影

電影是印度人生活中不可或缺的一項活動，印度製作的寶萊塢電影(Bollywood)更是舉世聞名。這些電影中少不了載歌載舞的片段，印度觀眾常會隨著音樂一同舞動。因此，到了印度，絕對不可錯過在傳統電影院與當地觀眾一同觀賞電影的機會。

行家祕技 推薦傳統電影院 Raj Mandir Cinema

最受遊客歡迎的傳統電影院是位於齋浦爾市區的Raj Mandir Cinema，這座歷史悠久的老電影院已經有近50年的歷史，至今仍每日播放最熱門的印度電影。在劇院中，觀眾會隨著劇情熱情地歡呼和鼓掌，有時甚至會跟著一起跳舞，增添了觀影的樂趣。

▲齋浦爾著名的傳統劇院 Raj Mandir

▲光是內部裝潢就很值得買票進入參觀

貼心 小提醒

請尊重看電影唱國歌的文化

電影開場後的前15分鐘通常會播放廣告，這是欣賞印度廣告創意的好機會。影片正式播放前，如果螢幕上出現印度國旗，代表要唱國歌了。即使你不會唱，仍應尊重當地文化，與大家一同起立。目前有些影城已逐漸取消這個唱國歌的環節。

穿紗麗與泰姬瑪哈陵合影

印度是世界上少數仍在日常生活中穿著傳統服飾的國家，女性通常會穿著紗麗出席正式場合。紗麗是一條長約6米的布料，其中一端經過裁剪後請裁縫量身訂製成短上衣，將剩餘的長布料打摺纏繞於身上，呈現優雅的印度紗麗裝扮。

在泰姬瑪哈陵附近，有販售或出租給外國遊客的簡易紗麗，依材質不同，一套價格約2,000～6,000盧比，也有專為男遊客準備的傳統服飾。穿著紗麗前往泰姬瑪哈陵拍攝紀念照片，是一次非常特別的體驗。

對於外國人來說要將紗麗穿好真的是件不容易的事，印度本地人對於穿上紗麗的遊客都很友善，也會熱心的協助遊客將身上的紗麗調整到最佳狀態。

▲遊客試穿紗麗　　▲不同地區的紗麗樣式也不同

體驗阿育吠陀按摩

阿育吠陀醫學是流傳千年的印度古老智慧，阿育吠陀一詞意指「生命的科學」。它通過飲食、按摩和瑜伽來進行身體排毒和釋放壓力，最終達到健康的狀態。最為正統的阿育吠陀按摩主要在南印度的喀拉拉邦，當地有許多渡假村型的阿育吠陀中心，針對不同的健康需求，為身體各部位提供放鬆療程。

Kairali Ayurvedic Treatment Centre (Delhi)

推薦德里知名的阿育吠陀中心，是喀拉拉邦著名渡假村的分部，這裡有專業的阿育吠陀醫師提供諮詢服務，可直接體驗特色的阿育吠陀按摩。
✉ Block D, Building #B, Andheria Modh, Dr Ambedkar Colony, Mehrauli, New Delhi／🕐 07:00～20:30／🌐 www.kairali.com

▲傳統阿育吠陀按摩專用的木床

體驗蓋印工藝

印度的古法印刷技術「蓋印」(Block Print)運用在服飾與家飾品上，深受全印度以及來到印度旅遊的外國人士所喜愛。這樣的工藝大多是源自北印度的齋浦爾市的周邊鄉鎮，在當地有許多的蓋印工坊仍舊採用這樣的人工印刷方式，來製作美麗的印度棉布。

要完成一個完整的彩色圖案，需要使用數個不同圖案的木頭雕刻印章，一次接著一次的將不同的圖案使用不同顏色的染料套印在棉布上。然後還需要經過數十天在大太陽底下的曝曬，以及反覆洗滌才能成為可以製作成品的布料。

印度知名的服飾品牌Anokhi便來自齋浦爾，因此在該地也設立了一個蓋印博物館，館內提供遊客進行蓋印體驗，還可以將自己完成的作品帶回家作為紀念。

▲ 體驗傳統蓋印

▲ 雕刻木章的師傅

▲ 齋浦爾的傳統印刷工坊

▲ 使用蓋印印刷技術的布料

體驗手部繪畫藝術

曼海蒂(Mehndi)或是稱為漢納(Henna)是使用指甲花的葉子研磨後的粉末製成染料，然後將染料將圖騰繪製在手、手臂或腳上。通常在印度婚禮時新娘需要請繪師來繪畫在手與腳上，或者是印度教的節日時，婦女也需要畫上Mehndi祈福。Mehndi也可以稱為暫時性的紋身，因為使用指甲花顏料繪製的圖騰大約只可保留15天左右，顏色會隨著時間而逐漸消失。而相同的染料也可以做為天然的染髮劑使用。

路邊攤位為遊客繪製Mehndi的價格通常依據圖案大小而定，價格大約在200～500盧比之間。

▲逐漸退色的Mehndi繪畫

▲通常15天後就會消失

▲路邊幫遊客繪畫Mehndi

體驗印度瑜伽

瑜伽源自於古老的印度，是一項透過身體姿勢、呼吸技巧和冥想來達到身心平衡的運動。瑜伽與印度教有著密切的關聯，許多姿勢都源自於印度教的神話，練習瑜伽和冥想能幫助與神靈達成連結。

對於瑜伽愛好者來說，旅程中絕對不能錯過正宗的瑜伽體驗。北印度的「瑞斯凱詩」(Rishkesh)被稱為瑜伽聖城，當地幾乎所有飯店每天早晨都會提供瑜伽課程。

行家祕技　國際瑜珈節

國際瑜珈節每年春天在瑞斯凱詩舉辦，地點位於當地最大的瑜伽中心Parmarth Niketan。

■國際瑜伽節
http nternationalyogafestival.org
■Parmarth Niketan瑜伽中心
http www.parmarth.org

印度主題之旅 2

印度節慶之旅

8月後就是節慶高峰期

宗教色彩豐富的印度，在不同節日會舉辦精彩的慶祝活動。

印度是一個有多元宗教的國家，其中以印度教的節日最多且慶祝活動也獨具特色。在安排前往印度旅遊時，也可以將行程安排在節慶期間，就可以體驗到當地人民準備慶典的熱鬧氣氛，以及享受到特殊的體驗。

印度政府尊重各種宗教假期，所以不管是印度教、穆斯林、錫克教以及基督教的假日都會依據重要程度來放假，每年大約8月中開始到新年就會有許多的連續假期，天氣開始涼爽加上年底是印度婚禮舉辦的高峰期，所以若是遇上大節日期間出遊就需要早一點做預備。

排燈節(Diwali)

印度最盛大的宗教節日是「排燈節」(Diwali或Divali)，又稱光明節，通常在每年10月底舉行。排燈節當天，印度家庭會點燃陶土製成的油燈(Diyas)，放置在家中的各個角落，象徵光明驅散黑暗。

排燈節的各種準備通常從前一個月開始，家家戶戶會在外牆或陽台裝上閃爍的燈串，營造出濃厚的節日氣氛。而在排燈節的前夕，印度人還會

▲ 印度人非常喜歡自拍

▲ Diyas油燈

在家門口用鮮花和彩色沙子繪製象徵祝福的藍古麗(Rangoli)。

排燈節與華人過年有許多相似之處，不僅要打掃環境，還會購買新衣服、新車。排燈節期間還有專門的市集，販售各種禮盒供民眾致贈親友，而公司也會發放排燈節獎金給員工。當天晚上放煙火和爆竹已成為排燈節的不成文習俗，每個城市幾乎整晚都在施放煙火。然而，隨著防範空污的法規，在大城市如德里和孟買，煙火活動已逐漸減少。

排燈節市集(Diwali Mela)

德里最大的排燈節市集之一是德里盲人學校排燈節市集(Blind School Diwali Mela)。這個市集販售該校自製的蠟燭以及手工製作的禮物紙袋，還有攤位販賣節慶服裝和居家裝飾品。如果排燈節期間恰好在德里，絕對不能錯過這個充滿節日氛圍的市集。

若想體驗排燈節的熱鬧氛圍，可以選擇前往瓦拉納西，或者參觀位於印巴邊境的錫克教聖地阿姆利則的金廟。此外，拉賈斯坦邦的多個城市也舉辦排燈節的慶祝活動。

▲ 藍古麗(Rangoli)

▲ 阿姆利澤黃金廟慶祝排燈節

▲ 大型的排燈節裝飾

▲ 排燈節市集

灑紅節(Holi)

　　灑紅節也稱作色彩節,是一個歷史悠久的印度教節日。通常在每年3月春暖花開時舉行,象徵著迎接春天的來臨,並帶有揮別過去錯誤、迎接新開始的意涵。這個節日也象徵寬恕,是人們化解誤會、重修舊好的時機,許多朋友會在這一天通過歡樂的慶祝活動來冰釋前嫌。

　　灑紅節的慶祝通常從前一晚就開始,人們圍繞火堆歡唱跳舞,象徵驅除邪惡。第二天早上,家人和朋友會相聚,互相撒彩粉,並用水球或水槍嬉戲,把彩粉塗滿彼此全身,最後互道祝福,說聲Happy Holi。

　　Holi使用的彩粉是以天然的鮮花與香草製成,各種顏色都有其象徵意義。紅色代表愛與生育力;黃色來自薑黃,象徵療癒的力量;藍色則是印度教愛神奎斯納的顏色;而綠色象徵春天的到來與新生的開始。

▲ 全身塗抹彩粉的活動

灑紅節地點

　　Holi的慶祝活動在北印度最為盛行,尤其以北方邦的馬圖拉(Mathura)和鄰近的溫達文(Vrindavan)最為著名。在拉賈斯坦邦的普希卡(Pushkar),Holi當天上午也會舉行非常盛大的慶祝活動。

▲ 市集上販賣彩粉和水槍的攤位 　▲ 市集上販賣不同顏色的彩粉

貼心 小提醒

女性需當心人身安全

　　若前往較擁擠的地區慶祝Holi,女性遊客需特別注意自身安全,最好與朋友同行或由熟識的當地導遊陪同。因為常有不肖男性趁機對女性遊客不當接觸,需隨時保持警覺。

▲ 除了塗抹彩粉還會有人打水仗

十勝節(Dussehra)

　　十勝節是印度教重要的節日之一，通常在排燈節前約兩週舉行。十勝節源自印度教神祇羅摩打敗10頭惡魔王的故事，象徵正義終將戰勝邪惡。

　　在北印度，十勝節的慶祝方式是在大型空曠廣場搭建紙紮的惡魔像，廣場內設有飲食攤販和遊樂設施，猶如逛夜市。此外，還會有舞台劇演出羅摩打敗惡魔的故事，活動中最熱鬧的環節是劇終時，羅摩會射出火箭將紙紮的惡魔像燒毀。

　　在德里，最盛大的十勝節慶典通常在紅堡前的廣場舉行，屆時會有三座巨大的紙紮魔王像，吸引眾多遊客前來觀賞燒毀魔王的活動。

▲羅摩與十個頭的邪惡魔王

豐收節(Lohri)

　　在1月初，北印度的氣候仍較寒冷，這時候則有一個讓大家期待的節日「豐收節」。慶祝方式是在晚間點燃大營火，民眾圍繞著營火，將爆米花和花生丟入火中，以慶祝豐收。熊熊的營火為寒冷的夜晚帶來了溫暖，增添節日的喜慶氛圍。

▲慶祝豐收節

共和日(Republic Day)

　　每年的1月26日是紀念印度成為獨立共和國的日子，也是國慶日。在德里的總統府前延伸至印度門的大道上，會封路舉辦受到全球矚目的閱兵遊行(The Parade Marches)。遊行會有少量票務開放供民眾登記購買，票可通過印度國防部的網站購買。www.mod.gov.in

▲賣場推出國旗裝慶祝共和日

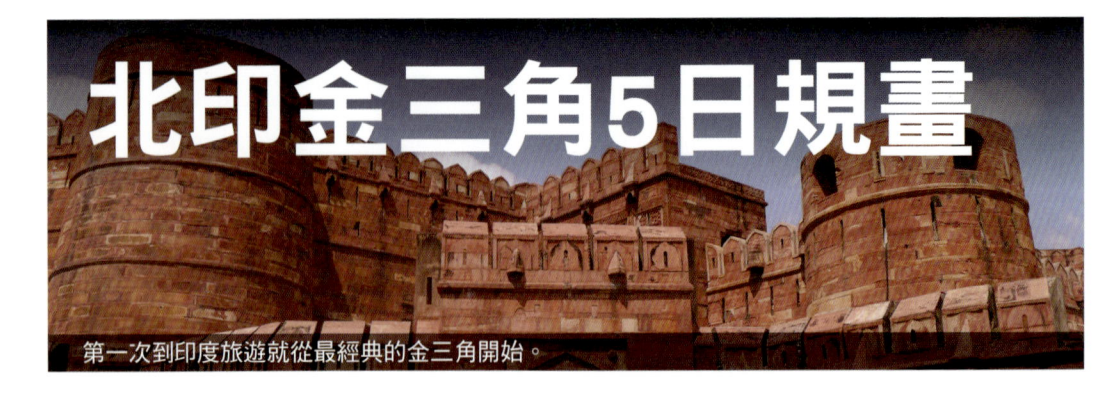

北印金三角5日規畫

第一次到印度旅遊就從最經典的金三角開始。

針對第一次到印度旅遊且對印度尚未有概念的遊客，建議可以先從北印度的金三角開始規畫。這樣不僅能在較短的時間內看到具代表性的景點，還能在首都德里體驗到印度其他省分的文化。此外，以德里作為出入境城市也便於行程的延伸，這裡有許多國內航班可供選擇。

金三角是由德里(Delhi)、阿格拉(Agra)以及齋浦爾(Jaipur)這三個城市構成的一條旅遊路線，地理位置剛好是一個三角形而得名。最具代表性的景點就是泰姬瑪哈陵(Taj Mahal)與粉紅城市「齋浦爾」。行程從德里開始，可以是順時針或逆時針方向安排。

Day 1：德里市區觀光

印度門(India Gate) 09:00

德里的地標建築，同時也是一座戰爭紀念碑。雖然晚上會打上燈光，營造出迷人的氛圍，但人潮會比較擁擠，因此建議白天前往，以避開人流。

▲泰姬瑪哈陵

145 Traveling **So Easy!** in India

玩樂篇

胡馬雍陵墓(Humayun's Tomb) 11:00

　　蒙兀爾帝國第二位皇帝的陵墓是泰姬瑪哈陵的原型，該陵墓的建造理念直接影響了泰姬瑪哈陵的設計。

午餐：可汗市場(Khan Market) 12:30

　　相較德里其他地方，這裡乾淨整齊，除了是遊客喜愛的購物地點，還集合了許多特色餐飲選擇。

蓮花寺(Lotus Temple) 14:00

　　雖然名字聽起來像是寺廟，但其實是巴哈伊教(Bahá í)的教堂。外觀是一朵蓮花造形非常獨特。

古達明納塔(Qutb Minar) 16:00

　　這座高塔由紅砂岩和大理石建成，塔身雕刻著精美的銘文。由於距離機場非常近，幾乎每隔幾分鐘就有飛機從塔頂飛過，因此成為攝影愛好者捕捉獨特照片的熱門景點。

▲夜間點燈的古達明納塔

晚餐：康諾特廣場(Connaught Place) 19:00

　　這是一個具有百年歷史的建築群組成的大型商圈，從空中俯瞰宛如一個白色的大圓圈。這裡也是兩條地鐵的交會處，擁有許多知名的百年甜點店和餐廳。

▲康諾特廣場

行家祕技　夜間參觀景點

　　印度有些景點會開放夜間參觀，一方面可以避開夏季炎熱的白天，另一方面也能欣賞到點上燈光的古蹟，別有一番風味。在德里，例如印度門、古達明納塔和阿克薩姆神廟等地都提供夜間參觀。夜間開放的門票通常需要另外購買，且不定期會有燈光秀表演，但大部分表演以印地語為主。

Day 2：德里前往阿格拉

阿克撒姆神廟(Akshardham) 09:00

這座寺廟是全球第二大印度教寺廟，坐落在公路旁，壯觀的建築十分引人注目。由於安檢非常嚴格，遊客不能攜帶背包，也禁止攜帶相機和手機入內。因為虔誠教徒認為，這裡是神在人間的住所。

▲阿克撒姆神廟(圖片來源：神廟官網)

抵達阿格拉後午餐 13:00

阿格拉的用餐選擇相對有限，通常建議到入住的飯店用餐，或者選擇連鎖速食店如麥當勞，或咖啡店如星巴克。

小泰姬陵(Itmad-ud-Daula) 14:00

Itmad-ud-Daula意指「國家的支柱」，是為了紀念負責建造泰姬瑪哈陵的建築師而建。它也被稱為小泰姬陵(Baby Taj)。陵墓的大理石鑲嵌工藝非常精緻，壁畫保存良好，因此還被譽為珠寶盒。

▲小泰姬陵的精美大理石鑲嵌非常值得參觀

月光花園(Mehtab Bagh) 16:00

隔著一條亞穆納河欣賞泰姬瑪哈陵的最佳時間是下午，這樣可以欣賞到夕陽餘暉照在泰姬瑪哈陵上的美麗景象。

▲黃昏的月光花園

Day 3：阿格拉前往齋浦爾

泰姬瑪哈陵(Taj Mahal)　06:00

　　隨著不同時段的光照，大理石建成的泰姬瑪哈陵會映射出各種不同的顏色。在清晨進入時，可以欣賞到「金色泰姬陵」，而且人潮相對較少。

阿格拉堡(Agra Fort)　10:00

　　這座皇宮是蒙兀爾帝國在阿格拉建都時期的宮殿，稱為阿格拉紅堡。建造泰姬瑪哈陵的皇帝沙賈汗在晚年時被監禁在阿格拉堡，只能透過八角亭遙望泰姬瑪哈陵。

　　參觀後前往齋浦爾的途中，可以參觀月亮水井。要到達月亮水井，需搭乘計程車前往。

月亮水井(Chand Baori Step Well)　16:00

　　這是印度最古老、規模最大且最深的階梯水井，古代用作儲水，同時也是印度教祭祀的地點。該水井共有地下13層，擁有3,500個階梯，已成為多部電影的取景地點。

▲印度特有的階梯水井

抵達齋浦爾(Jaipur)　19:00

　　這一天抵達齋浦爾時已是傍晚或晚上，車子會穿越粉紅老城區後前往飯店區。晚間的齋浦爾老街在燈光的映襯下，顯得更加美麗。推薦入住當地古蹟豪宅 Haveli，請參考P.90。

▲夜間的風之宮殿(Hawa Mahal)

Day 4：齋浦爾觀光

琥珀堡(Amber Fort)　09:00

這座舊皇宮位於市郊的山上，可以選擇搭乘大象上山，或者從飯店搭乘計程車直達城堡入口。

▲山下遠眺琥珀堡全景

琥珀堡水井(Panna Meena ka Kund)　11:00

若搭乘車輛上山，途中會路過隱藏在村落裡的一座小型且精美的地下水井，是許多攝影師喜愛的拍攝景點。

▶琥珀堡水井

水中宮殿(Jal Mahal)　12:00

從琥珀堡返回市區的途中，可以參觀曾經是皇室在湖中建造的避暑宮殿。雖然尚未開放供遊客登上參觀，但可以在河畔拍照留念。

▲湖中宮殿

返回齋浦爾市中心午餐　12:30

在市區風之宮殿(HAWA Mahal)前馬路對面，有幾家蓋在老店鋪樓上的咖啡館，這裡是最佳拍攝風之宮殿的地點。不過，進入拍照需要消費。

▲走到馬路對面可以拍攝整面屏風牆

風之宮殿(HAWA Mahal)　13:00

齋浦爾最具代表性的地標是風之宮殿，遊客大多在外面拍照。如果時間允許，可以進入宮殿內參觀，上到最頂層時可以居高臨下欣賞齋浦爾的粉紅老街。

▲風之宮殿的最頂層

城市宮殿(City Palace) 14:00

由於琥珀堡所處的山區缺水，國王將宮殿遷到山下並另外建立城市宮殿。這個宮殿目前仍有皇室成員居住，因此只有部分區域對一般大眾開放參觀。

▲城市宮殿

電影院(Raj Mandir Cinema) 18:00

不可錯過傳統電影院，內部裝潢華麗。如果碰巧遇到受歡迎的大明星影片放映，現場觀眾的歡呼和熱舞會讓氣氛變得非常熱鬧。

▲電影院大廳

Day 5：齋浦爾返回德里

猴廟(Galta Ji Temple) 09:30

退房後前往參觀猴廟，參觀結束後再前往德里，車程約需4.5～5小時。如果當天要接晚上離境的班機，建議多預留一些時間，才能避免耽誤行程。

▲有天然泉水的水池，朝聖者來此沐浴祈福

▲沿著山壁而建的猴廟，是有悠久歷史的寺廟

行家祕技　齋浦爾墊後最順路

金三角路線通常將齋浦爾安排為最後一個城市，從齋浦爾直接前往德里機場是最為順路的安排。

德里 Delhi

德里不僅是印度的首善之都，還有許多美麗的古蹟建築。

德里是印度的首都，以土地面積計算，德里是印度最大的城市；若以人口排名，則是僅次於孟買的第二大城市。

許多人對於「德里」(Delhi)、「新德里」(New Delhi)與「舊德里」(Old Delhi)這些名稱感到困惑，這些地方究竟是同一個城市嗎？是的，這些名稱都是指同一座城市。舊德里通常指的是紅堡對面的月光市集、香料市場及周邊的老城區，而舊德里以外的區域則被稱為新德里。

由於德里作為印度的首都及政治中心，安全要求相對較高。因此，在德里市區的飯店、百貨商場、景點、車站以及地鐵站，進入前通常都需要經過安全檢查。

▲ 進入百貨商場的安檢

豆知識

莫臥兒帝國

到北印度旅遊，必須了解「莫臥兒帝國」的歷史。帝國的創建者巴布爾(Babur)，是帖木兒的後裔，並信奉伊斯蘭教。他建立了「莫臥兒帝國」，在全盛時期幾乎統治了整個印度次大陸。第二位皇帝胡馬雍 (Humayun)、第三位皇帝阿克巴 (Akbar) 和第五位皇帝沙賈汗(Shah Jahan) 在統治期間，分別為印度留下了許多偉大的歷史遺跡與景點。

▲ 莫臥兒帝國皇帝的畫像

▲ 舊德里街道

經典景點

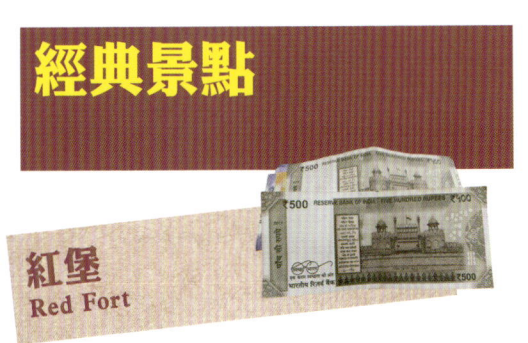

紅堡
Red Fort

✉ Netaji Subhash Marg, Lal Qila, Chandni Chowk, New Delhi／🕐日出到日落，通常是06:00～18:00／💲印度人50盧比、外國人600盧比／🌐 www.delhitourism.gov.in

莫臥兒帝國的首都原本設在阿格拉，皇帝沙賈汗於西元1639年將首都遷至德里。他邀請波斯建築師設計新宮殿，這位建築師後來也設計了著名的泰姬瑪哈陵。德里紅堡的建造成本象徵了沙賈汗統治下莫臥兒帝國的鼎盛。然而德里因經歷多次戰役，紅堡的結構與裝飾都遭到了大量破壞。

紅堡沿著雅木納河建造，因其紅砂岩外牆而得名。遊客通過拉合爾門(Lahori Gate)進入紅堡，首先會經過一個位於古蹟建築內的市集，這裡販售旅遊紀念品。

德里紅堡作為新皇宮，規格高於阿格拉堡。然而，隨著莫臥兒帝國的衰落，戰爭頻繁，紅堡大部分的建築受到嚴重損壞。城堡深處的皇宮內殿(Diwan-i-Khas)原本以純銀屋頂著稱，但入侵者將其用強酸溶解並變賣貴金屬，牆上的寶石最後也多數被挖空。儘管如此，紅堡宏偉的建築仍然值得參觀。

▲ 迎賓鼓樓

▲ 降溫用的大理石噴水池

▲ 紅堡外觀

行家祕技｜可搭乘電瓶車節省體力

前往德里紅堡參觀的車輛需停在停車場，再步行進入紅堡。沿著紅砂岩城牆步行至紅堡入口大約需要500公尺。如果想節省時間與體力，也可以選擇搭乘電瓶車，單程僅需12盧比。請注意，每年印度獨立(8月15日)和共和日(1月26日)紅堡不對外開放。

▲ 電瓶車票

賈瑪清真寺
Jama Masjid

✉ Jama Masjid, Old Delhi／🕐 07:00～12:00、13:30～18:30 (開齋節或齋月開放時間不定)／💲不須門票，但會有當地人收取拍照費300盧比

由沙賈汗皇帝建造的清真寺，是印度最大的清真寺，位於舊德里的月光市集中。每年在開齋節期間，成千上萬的信徒會聚集於此祈禱，場面十分壯觀。然而該景點缺乏管理，沒有明確的門票標示，但在入口處當地人通常會以拍照費為由向遊客收取入場費。進入清真寺時，禁止穿著短褲或短裙，且需脫鞋進入。

▲夜晚的清真寺

▲入口台階

行家祕技　購買印度景點門票

印度所有景點的門票分為「本國人票」和「外國人票」，票價差異很大。通常購買外國人票的隊伍人較少。遊客也可以預先上景點門票購票網站購票，網路購票每張票可享50盧比的折扣，或者在售票處掃描QR CODE購票。🌐 asi.payumoney.com

▲紅堡票價資訊

胡馬雍陵墓
Humayun's Tomb

✉ Mathura Rd, Nizamuddin East, New Delhi／🕐日出到日落，通常是06:00～18:00／💲印度人40盧比、外國人600盧比／🌐 www.delhitourism.gov.in

臥兒花園式陵墓，也被譽為最精緻的莫臥兒花園式陵墓，後來的「泰姬瑪哈陵」便是參考此陵墓建造。該陵墓耗時14年才完工。

在胡馬雍陵墓景區內，還有一座八角形的陵墓，屬於蘇丹王朝的阿富汗貴族伊薩‧汗‧尼亞齊(Isa Khan Niyazi)。這座陵墓建成的時間早於胡馬雍陵墓，且兩座相鄰的陵墓主人曾在戰役中互為對手。

▲需要爬上高聳的階梯才能進入主陵墓

▲陵墓內的幾何形圖案花窗

▲胡馬雍陵墓

印度門
India Gate

✉ Kartavya Path, India Gate, New Delhi／🕐 24小時營業／💲免費／🌐 www.delhitourism.gov.in

　　印度門是德里最具代表性的地標，於1921年動土，10年後落成，成為一座戰爭紀念碑，也是印度境內最大的一座戰爭紀念館。走近印度門，可以看到門上雕刻著文字，紀念在1914～1921年間，共有13,300名戰亡軍人的姓名。

　　在印度門的拱門下方，有一座永不熄滅的火焰臺「不朽戰士之火」(Amar Jawan Jyoti)，每年1月26日的共和日，印度總理都會到此向陣亡的戰士致敬。

　　印度門免費參觀，因此經常吸引大量遊客。晚上，燈光照射在印度門上，呈現出與白天截然不同的景致。不同節日會有不同的燈光，最常見的便是印度國旗的顏色燈光。

▲印度門

總統府建築群
Rashtrapati Bhavan Complex

✉ Rashtrapati Bhawan, President's Estate, New Delhi／🕐 09:30～17:30　（開放民眾參觀區域請參考官網公布）／💲參觀建築物外觀免費／🌐 www.rashtrapati-bhavan.gov.in

　　從印度門正前方延伸出一條長3公里的「國王大道」(Rajpath)，大道的盡頭是總統府及重要政府機關等建築群。自2022年重新整修後，這條大道更名為「責任大道」(Kartavya Path)。這些建築原為英國統治時期的總督府及官邸，由英國建築師設計，使用印度紅砂岩，並融合印度宗教元素的巴洛克建築風格。1950年，當印度第一位總統上任後，將其改名為總統府(Rashtrapati Bhavan)。

　　總統府內有一座結合莫臥兒花園水道與英式花園風格的「甜水花園」(Amrit Udyan)，每年2～3月期間開放讓民眾免費參觀，最受歡迎的便是鬱金香與玫瑰花園。

▲總統府建築群

▲甜水花園

古達明納塔建築群
Qutb Minar Complex

✉ Seth Sarai, Mehrauli, New Delhi／🕐 07:00～20:00／💲 印度人50盧比、外國人600盧比／🌐 www.delhi-tourism.gov.in

　　古達明納塔，也稱為「勝利塔」，是德里最具代表性的景點，也是印度被列入世界文化遺產的遺址之一。這座五層高塔於1190年開始建造，基底使用紅砂岩，第四層以上則是用大理石建造。前三層由當時統治者庫特卜‧布丁(Qutb-ud-din Aibak)建造，而後面的幾層則是由不同的繼任者續建。古達明納塔的用途是作為清真寺的「喚拜塔」，因此內部設有樓梯可通往最頂層。高塔的塔身上雕刻了用阿拉伯文寫成的古蘭經經文。

　　古達明納塔遺址最初是印度教和耆那教寺廟，隨著穆斯林入侵，這些寺廟被拆毀，並使用原有的建材來建造古達明納塔。因此，在部分遺址中仍可見到印度教寺廟的元素。此外，在古達明納景點內還有印度後第一座賈瑪清真寺以及第一座斯伊蘭學院，這些都是當時穆斯林文化入侵印度的輝煌歷史的見證。

▲耆那教寺廟石柱

▲高塔與周邊不同時期的古蹟建築

行家祕技　賞飛機絕佳地點

參觀古達明納塔的另一個亮點是可以拍攝飛機越過塔頂的照片，大約5～10分鐘就會有一架飛機飛過，使其成為攝影愛好者喜愛捕捉的地點。傍晚時段也可以進入景點參觀，不僅可以欣賞白天的美景，還能欣賞到夜間燈光點亮後的高塔景色。

阿格拉森地下水井
Agrasen ki Baoli

✉ Hailey Road, KG Marg, New Delhi／⏰09:00～17:30／💲免費

隱藏在德里市中心的一座階梯水井，由於寶萊塢電影《來自星星的傻瓜》(PK)在此取景而廣為人知。

▲ 德里市中心巷弄內的隱藏景點

豆知識
階梯水井(Stepwell)

階梯水井是印度獨特的建築型態，大多建於北印度的乾旱地區，用作儲水。最知名的例子包括拉賈斯坦邦的「月亮水井」(Chand Baori)和古吉拉特邦的「皇后水井」(Rani Ki Vav)。

▲ 皇后水井

洛迪藝術街區
Lodhi Art District

✉ Block A～C, Lodi Colony, New Delhi／⏰24小時開放／💲免費

在德里市中心的安靜住宅區洛迪社區，街道上展現著來自不同國家及印度當地藝術家的大型壁畫。這些色彩鮮豔的作品不僅美化了老街的牆面，還將社會議題如氣候變遷、女權運動及環境污染等融入其中。這個地區宛如一座開放的戶外美術館，共有約50幅以上的畫作，每年都有新的創作登場，吸引著藝術愛好者和遊客的目光。

▲ 有來自不同國家的藝術家作品

▲ 以女性議題為主題的創作

舊市集

舊德里
Old Delhi

📧 Netaji Subhash Marg, Lal Qila, Chandni Chowk, New Delhi／🕐 日出到日落，通常是06:00～18:00／💲 價錢印度人50盧比、外國人600盧比／🌐 www.delhitourism.gov.in

舊德里位於德里市中心，是一個歷史悠久的老城區，正對著德里紅堡。自1648年以來，當時的莫臥兒帝國皇帝沙賈汗將首都遷至德里，並在紅堡附近建造了一座名為「沙賈汗巴德」（Shahjahanabad）的城鎮，並築起一道城牆，城牆內便是如今的舊德里(Old Delhi)。雖然舊城牆已不復存在，但在舊德里仍可見到幾座保留下來的城門，成為受保護的古蹟遺址，見證著這座城市的歷史變遷。

▲舊德里住宅區巷弄

▲舊德里街道

月光集市
Chandni Chowk

📧 Chandni Chowk, Delhi／🕐 10:00～19:00(部分店家週日或週一公休)／💲 免費

在舊德里內，最古老且範圍最大的市集是月光市集，從紅堡前的「拉合爾門」正對著的筆直大道便是月光市集。

這條貫穿市集的中央大道，在2020年疫情期間經過重新整頓，並更名為「月光市集步行街」，禁止機動車輛進入，使整座市集看起來更加整齊，也減少了震耳欲聾的喇叭聲。

▲重建後的月光集大道

近代的舊德里市集自19世紀中以來便是一座全國性的批發市集，現在的月光市集專門販售婚禮服飾與嫁妝珠寶，還有燈具市場和數位商品市場，幾乎所有的商品都可以在這裡找到，因此成為了印度其他城市商人批貨的重要地點。

▲節慶用品店

香料市場
Spice Market

✉ Fatehpuri Masjid, Khari Baoli Rd, Old Delhi／⏰ 11:30～20:00(部分店家週日或週一公休)／💲 免費

位於舊德里法塔普里清真寺(Fatehpuri Masjid)周邊的市集曾以往稱為卡里保利市集(Khari Baoli Market)，自19世紀以來便以批發香料聞名，如今普遍稱為香料市場(Spice Market)，是亞洲最大的香料批發市場。在這裡，除了各種香料外，還有進口的堅果以及五穀雜糧等商品販售。

只要走進香料市場，就能感受到空氣中瀰漫著各種香料混合的獨特氣味。大街上的店面大多以大量零售為主。

經過蜿蜒的街道後，可以進入到一座四角型的樓房，這裡是大量批發區。雖然主體建築已經殘破不堪，但仍可以從建築的裝飾上看出，這裡以前是一棟豪華且精緻的樓房。從樓房的頂樓往下看，除了可以窺見住在樓房裡的工人日常生活，還能看到巷弄內忙碌的搬運工人，不間斷地將一個個麻布袋搬往大街上。

▲各種的辣椒是最大宗的商品

▲香料批發市場的四角樓

行家祕技 建議找專業地陪前往

舊德里市集就像是一個時空膠囊，時間在這裡彷彿不曾前進。對於喜歡古蹟和富有挑戰精神的遊客而言，這裡絕對非常值得一訪。然而，錯綜複雜的巷弄和擁擠的人群卻讓遊客卻步，因此尋找專業的地陪帶路絕對是更安全的做法。在步行街上，有許多人力車會招攬客人，只要和車伕議好價格，就可以請他帶你探索整個月光市集。

▲步行街上的人力車

▲大街道上的店面

博物館

德里市區有將近30個各種類型的博物館，參觀景點之餘更能快速了解印度的歷史與特色，還可以作為雨天的備案。除了豐富的館藏外，這些博物館的設立地點通常位於歷史建築內，因此博物館的建築本身也是一大參觀亮點。**請注意** 德里市區內的博物館，每週一與國定假日休館。

新德里國家博物館
National Museum New Delhi

✉ Janpath Rd, Rajpath Area, Central Secretariat, New Delhi／🕐10:00～18:00（週一公休）／💲印度人20盧比、外國人650盧比／🔗nationalmuseumindia.gov.in/en

建於1949年的新德里國家博物館，是為了迎接1947～1948年在英國倫敦博物館展出的印度文物而設立的，這座博物館是印度最大的一座，擁有將近20萬件館藏，但展出的部分約只有14,000件。展品來自印度各地及不同國家，館藏之豐富可能讓人一天都逛不完。不過，這座國家博物館的維護狀況並不理想，設備相對老舊且管理也不完善，因此對於參觀的遊客而言可能會感到不便。選擇在涼爽的冬季參觀會比較舒適。

▲ 館藏　　▲ 博物館建築

傳統工藝博物館
National Crafts Museum

✉ Bhairon Marg, Pragati Maidan, New Delhi／🕐09:30～18:00（週一公休）／💲印度人20盧比、外國人650盧比／🔗nationalcraftsmuseum.nic.in

傳統工藝博物館是一座展示傳統手工藝的博物館。博物館內包含戶外展區，重現了傳統鄉間的泥土房屋，讓參觀者能在都市中體驗到印度鄉村的建築風格。

此外，博物館不定期會舉辦傳統工藝品市集，為遊客提供更多的互動和購物機會。

▲ 工藝博物館戶外展區

現代美術館
National Gallery of Modern Art

✉ Jaipur House, Shershah Rd, near India Gate, New Delhi／🕐10:00～18:00（週一公休）／💲印度人20盧比、外國人500盧比／🔗sites.google.com/view/ngmaindia

位於德里印度門旁邊的現代美術館，成立於1954年，並在孟買和班加羅爾設有分館。德里美術館擁有將近2萬件藝術品，涵蓋古典與現代的繪畫、素描、版畫和雕塑等多種類別。

▲ 現代美術館

159 Traveling in India *So Easy!*

玩樂篇

總理博物館
Prime Ministers' Museum

✉ Teen Murti Marg Area, New Delhi／🕐 10:00～18:00(週一公休)／💲 印度人50盧比、外國人200盧比／🌐 www.pmsangrahalaya.gov.in

德里最新成立的一座博物館，前身是尼赫魯博物館，於2022年後增加了新館並重新開放參觀。該博物館主要展出印度獨立後第一任總理至現任總理的事蹟紀錄，並展示了各國元首致贈給印度歷任總理的精美禮物。

▲ 尼赫魯博物館

▲ 新展館內部

總統府博物館
Rashtrapati Bhavan Museum

✉ Talkatora Road, New Delhi／🕐 09:30～17:30／💲 50盧比／🌐 museum.rashtrapatibhavan.gov.in

總統府內有兩棟英國殖民時期的建築，這兩棟建築於2014年由當時的印度總統設立為博物館。博物館以敘述歷史故事的方式展示曾

▲ 甘地故事展示

被歷任總統使用的用品，包含服役22年的總統用車，以及一輛百年歷史的維多利亞馬車。

▲ 博物館的外觀

▲ 地下第3層的展示廳

寺廟

印度是一個有許多宗教並存的國家，最多人信奉的是印度教，其次是穆斯林，然後是錫克教、耆那教、佛教以及基督教等。印度人的生活起居都離不開宗教，因此在旅途中安排參觀寺廟，也能更了解宗教信仰如何影響印度人的生活。

貼心小提醒

進入寺廟請注意衣著

進入寺廟參觀時，請遵守各個寺廟的規定。多數寺廟禁止穿鞋入內，但通常會提供寄放鞋子的地方。也要注意不要穿著無袖上衣或太短的褲子，建議準備一條薄圍巾，因為某些寺廟進入時需要將頭髮包裹起來。

印度教寺廟外，經常會有人為你點上紅色硃砂在額頭祈福，這有時可能是假借宗教之名來欺騙遊客的行為。

蓮花寺 Lotus Temple

✉ Lotus Temple Rd Bahapur, Kalkaji, New Delhi／🕗 08:30～17:00（週一公休）／🌐 bahaihouseofworship.in／ℹ 週一不開放、祈禱廳內不能拍照

蓮花寺雖然名字看似寺廟，但它是一座「巴哈伊教靈曦堂」（Bahá í House of Worship）。德里的蓮花寺是第8間靈曦堂，建於1986年，外型是一朵潔白的蓮花而命名。

祈禱廳內並無供奉任何的神像，而是一個寬廣的大廳，歡迎各種不同的宗教信仰者前來祈禱。遊客需遵守志工的指引，分批進入祈禱廳，不限制停留時間，但必須安靜地坐在位置上，不影響他人祈禱。

▲ 蓮花寺外觀

阿克撒達姆神廟 Akshardham Temple

✉ NH 24, Pramukh Swami Maharaj Marg, Pandav Nagar, New Delhi／🕗 10:00～18:30（週一公休）；夜間水舞秀19:15／🌐 akshardham.com

阿克撒達姆是世界上第二大的印度教寺廟。整體建築非常壯觀，標榜不使用任何「鐵」作為建材。寺內擁有234根雕刻精美的石柱、9個雕刻著不同圖案的曼陀羅，以及多達2萬尊神像。**請注意** 參觀阿克撒達姆神廟需遵守廟方的嚴格安檢要求，禁止攜帶相機、攝影機以及大部分的電子產品。入口處提供免費的置物櫃供遊客寄存物品。

▲ 夜間的神廟（圖片來源：阿克撒姆神廟官網）

161 Traveling in India

錫克教聖人廟
Gurdwara Bangla Sahib

✉ Hanuman Road Area, Connaught Place, New Delhi／🕐 24小時開放　🌐 www.dsgmc.in

德里最大的錫克教寺廟以金色的圓頂和高聳的橘色旗竿而聞名，十分壯觀。前來朝聖的信徒會進入寺廟中的水池沐浴以祈福，並享用寺廟食堂提供的愛心餐。來自各地的信徒也熱衷於擔任義工，幫助清洗食材、製作食物等。

▲錫克教寺廟

▲錫克教寺廟進行宗教儀式(非德里錫克教寺廟)

▲正在預備食材的義工

穆斯林聖人墓
Hazrat Nizamuddin Dargah

✉ Boali Gate Rd, Nizamuddin West, New Delhi／🕐 04:45～22:00

在胡馬雍陵墓旁的穆斯林聖人尼扎穆丁·奧利亞(Nizamuddin Auliya)的墓地，聖人的弟子及沙賈汗皇帝的女兒的墓地也位於此地，整個區域共有70座墳墓。其中，聖人奧利亞的墓是最受人膜拜的。

▲聖人墓

藏傳佛教寺廟
Tibetan Monastery

✉ New Aruna Colony, Majnu-ka-tilla, Delhi／🕐 08:00～17:00

德里北邊的一個藏人聚落稱為「西藏村」(Majnu ka Tila)，內有兩座藏傳佛教寺廟，是當地藏人的信仰中心。周邊有販售藏傳佛教文物的商店，以及美味的藏式料理和經濟型住宿飯店，已經形成一個受年輕人喜愛的小商圈。

▲藏傳佛教寺廟

玩樂篇

阿格拉 Agra

阿格拉最著名的景點非泰姬瑪哈陵莫屬。

阿格拉是印度北方邦(Uttar Pradesh)的一個城市，距離德里230公里，曾是莫臥兒帝國的首都。在第三位皇帝阿克巴和其孫子沙賈汗皇帝的統治下，莫臥兒帝國達到了鼎盛時期，期間建造了流傳千古的「泰姬瑪哈陵」，阿格拉還有幾座重要的莫臥兒帝國陵墓。儘管沙賈汗皇帝的兒子奧朗則布(Aurangzeb)將皇宮遷至德里，阿格拉依然是第二首都。由於「泰姬瑪哈陵」的吸引力，阿格拉成為舉世聞名的印度旅遊城市之一。

▲阿格拉市景

▲泰姬瑪哈陵

前往阿格拉交通

專車

跟旅行社預定包車是最普遍的方式，途中若需要休息也可以隨時停下。公路的路況良好，車程大約3個半小時。

▲公路上的休息站

火車

德里與阿格拉之間有特快火車運行，預定適當班次，當日往返不成問題，火車約1小時50分鐘即可抵達阿格拉。

▲阿格拉「紅堡站」火車站

經典景點

泰姬瑪哈陵
Taj Maha

✉ Dharmapuri, Forest Colony, Agra, Uttar Pradesh, India／🕐 日出到日落，通常是06:00～18:00（週五公休）／💲 印度人250盧比、外國人1300盧比(含進入陵墓內參觀)／🌐 www.tajmahal.gov.in

有世界七大奇蹟頭銜的泰姬瑪哈陵，是莫臥兒帝國第五位皇帝沙賈汗為他最愛的第二任妻子穆塔茲‧瑪哈爾（Mumtaz Mahal）建造的陵墓，共耗時22年才建成，花費了相當於現在的美金7,700萬的費用。

泰姬瑪哈陵是一座相當精緻的莫臥兒花園陵墓，參考了莫臥兒的始祖帖木兒的陵墓與胡馬雍陵來建造。進大門後會先經過一座「天堂花園」（Charbagh），是依照古蘭經內對於天堂的描述而呈現，花園中有4條水道，匯集處有一座水池及露臺，而水道將花園分隔為4個小花園。

陵墓是以紅砂岩為基座，基座上是白色大理石圓頂的陵墓，陵墓內則是放置了穆塔茲‧瑪哈爾的衣冠塚。陵墓外的4個角落各有一座尖塔型的宣禮塔，尖塔是微微向墳墓外傾斜，以避免尖塔倒塌時壓毀陵墓。

💕 貼心 小提醒

進入泰姬瑪哈陵注意事項

1. 遊客需要搭乘接駁高爾夫球車才能前往購票處以及景點入口。外國人的票價包含入場門票、水、鞋套以及免費搭乘接駁高爾夫球車。
2. 泰姬瑪哈陵的安檢很嚴格，男、女遊客需要分開排隊，並通過金屬探測門及搜身。如果有不被允許攜帶的物品，可以前往售票處旁的置物櫃寄存。

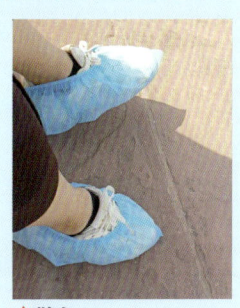

▲ 鞋套

▲ 尖塔

▲ 泰姬陵的大門 Great Gate

▲ 泰姬陵內的清真寺

行家祕技 最佳欣賞泰姬瑪哈陵的時間

最推薦於清晨剛天亮時進入泰姬瑪哈陵參觀，陽光照射下會讓泰姬瑪哈陵看起來閃閃發亮。並且早晨的參觀人潮也相對較少。

▲ 金色泰姬瑪哈陵

月光花園欣賞泰姬瑪哈陵

亞穆納河對岸的月光花園（Mehtab Bagh），從另一個角度欣賞泰姬瑪哈陵。而且門票只需要250盧比。

▲ 月光花園看泰姬陵

▲ 天堂花園

阿格拉堡
Agra Fort

✉ Agra Fort, Rakabganj, Agra, Uttar Pradesh, India／🕐 日出到日落，通常是06:00～18:00／💲 印度人40盧比、外國人600盧比／🌐 www.tajmahal.gov.in/agra-fort.aspx／ℹ️ 每日開放，入內參觀也需要經過安檢，但不如泰姬瑪哈陵嚴格

阿格拉堡是莫臥兒帝國的第一位皇帝巴布爾在1526年的帕尼帕特戰役後，從拉吉普特人手中掠奪而來，並將其作為後代皇帝的住所。隨著時間的推移，這座城堡不斷擴建，到了第五代皇帝沙賈汗時期，才形成了我們今天所見的規模。阿格拉堡一直被莫臥兒帝國使用，直到1638年遷都至德里紅堡之後才停止使用。

「穆薩曼塔」（Musamman Burj）是阿格拉堡內最華麗的內殿之一。在沙賈汗的晚年，他被兒子囚禁在這裡長達8年，期間只能透過穆薩曼塔的八角亭，遠遠地欣賞他為愛妻穆塔茲·瑪哈爾所建造的泰姬瑪哈陵。這個令人心碎的景象，成為了他生命中最後幾年的重要回憶。

▲ 穆薩曼塔

▲ 阿格拉堡入口

小泰姬陵
Tomb of I'tim ā d-ud-Daulah

✉ Moti Bagh, Agra, Uttar Pradesh, India／🕘 08:00～18:00／💲印度人50盧比、外國人300盧比

在亞穆納河左岸，有一座被譽為「珠寶盒」的陵墓，當地人親切地稱之為「小泰姬陵」，也就是伊蒂瑪德・烏德・道拉之墓(Tomb of I'tim d-ud-Daulah)，其名稱意為「國家棟樑」。

小泰姬陵建於1622年，常被視為泰姬瑪哈陵的雛型。陵墓坐落於天堂花園 (Charbagh) 的正中央，外觀以各種顏色的寶石精美鑲嵌，內部則以壁畫裝飾，圖案包括花卉、植物和杯盤，這些華麗的裝飾使其成為莫臥兒建築中最為華麗的陵墓之一。

▲陵墓主體

🫘 豆知識
格子屏風窗和寶石鑲嵌

格子屏風窗和寶石鑲嵌技術在伊斯蘭建築中十分常見，阿格拉的幾個古蹟建築中也包含了這些美麗的元素。格子屏風窗被稱為「賈利」(Jali)，設計目的是讓窗內的女眷不會被外面的行人所看到。

阿克巴陵墓
Tomb of Akbar

✉ Sikandra, Agra, Uttar Pradesh, India／🕘 06:00～18:00 (週五公休)／💲印度人30盧比、外國人300盧比

阿克巴陵墓位於距離泰姬瑪哈陵18公里的郊區，單程車程約需50分鐘。阿克巴陵的特色在於整座陵墓由深色紅砂岩建造，入口大門上矗立著4根大理石高塔，與泰姬陵的4根高塔相似。門面上運用了紅砂岩、白色大理石和黑色岩石，裝飾著伊斯蘭的幾何圖案、花卉以及文字。

▲陵墓本體

▲陵墓內的天花板裝飾

勝利宮殿
Fatehpur Sikri

✉ Buland Gate, Dadupura, Fatehpur Sikri, Uttar Pradesh, India／🕘09:00～18:00／💲印度人40盧比、外國人600盧比／💲遊客需要從勝利宮殿停車場搭乘接駁電瓶車入園，票價是每人15盧比

勝利宮殿位於阿格拉郊區的西克里村落（Sikri），距離市中心約22公里。這座宮殿是莫臥兒帝國的皇宮中使用時間最短的，只使用了15年。

阿克巴皇帝一直為沒有繼承人而苦惱，直到他前往西克里請一位穆斯林聖人為他祈禱。一年後，阿克巴的皇后生下了兒子。為了紀念這位聖人，阿克巴在西克里建造了皇宮，並將首都從阿格拉遷移至此。隨後，他在古吉拉特的戰役中獲得大勝，於是將這座皇宮命名為Fatehpur Sikri，意即「勝利宮殿」。

勝利宮殿的建造參考了帖木兒王朝的建築風格，並結合了印度教的元素。在這座寬廣的宮殿中，可以看到使用紅砂岩雕刻的精緻作品，以及大量的花草圖騰裝飾。

▶ 做為娛樂用的五層宮殿（Panch Mahal）

▲ 勝利宮殿

賈瑪清真寺與聖人陵墓
Holy Tomb of Hazrat Salim Chishti

✉ Dadupura, Fatehpur Sikri, Uttar Pradesh 283110, India／🕘24小時／💲免費

在勝利宮殿建築群內有一座「賈瑪清真寺」，是建築群內最早的一座建築。有一座150公尺高的大門，於西克里的清真寺入口，大門取名為「勝利之門」，門上使用波斯語刻上了銘文紀錄古吉拉特戰役的勝利。

清真寺廣場有一座穆斯林聖人「薩利姆」的陵墓，為了紀念聖人給阿克巴的預言成真而建造了這座全白大理石的陵墓，陵墓最著名的就是每一面都不同圖案的格子窗(Jali)。

▲ 格子窗(Jali)

▲ 聖人陵墓

💗 貼心 小提醒
容易錯過的優質景點

清真寺不在勝利宮殿景區內，從景點大門步行大約3分鐘路程。

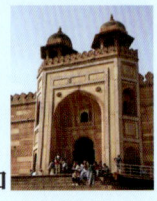

▶ 靠近勝利宮殿的清真寺入口

齋浦爾 Jaipur

整座城市就是一個古蹟群的齋浦爾市。

　　齋浦爾由賈伊辛格二世(Jai Singh II)於1727年創建，城市名稱「Jaipur」便是以這位國王命名。其皇室後代至今仍居住在齋浦爾的城市宮殿內。

　　現代的齋浦爾是拉賈斯坦邦(Rajasthan)的首府，也是該邦最大的城市。這裡不僅保存了眾多傳統古蹟與豐富的文化遺產，同時也是一個發展迅速的現代化都市。

前往齋浦爾交通方式

專車

　　金三角旅遊路線會從阿格拉前往齋浦爾，兩地距離約250公里。途中通常會參觀「勝利宮殿」與「月亮水井」，因此可以安排一日遊，從阿格拉出發並在齋浦爾結束。

火車

　　由於班次時間較不理想，遊客通常較少選擇搭乘火車前往齋浦爾。

飛機

　　齋浦爾每日有許多國際及國內航班起降，因此飛機也是一個便利的交通選項。

豆知識

粉紅色建築

　　1876年，當時的齋浦爾國王為迎接英國維多利亞女王的到訪，命令將城市內的建築漆成粉紅色。隨後，他更頒布法令，要求城市長期維持這一色調。

▲ 老城區粉紅色的建築

經典景點

琥珀堡
Amber Fort

✉ Devisinghpura, Amer, Jaipur, Rajasthan, India／
🕗 08:00～19:00／💲 印度人25盧比、外國人550盧比／🌐 www.tourist.rajasthan.gov.in

　　琥珀堡是齋浦爾最著名的景點，距離市中心約11公里。將城堡建於山丘之上是拉賈斯坦堡壘的特色之一。這座城堡最初由國王曼辛格一世(Man SinghI)在1600年建造，之後歷經150年，由多任國王擴建成如今的規模。琥珀堡融合了傳統的拉吉普特風格和莫臥兒帝國的伊斯蘭建築特色。

　　由於琥珀堡位於山丘上，遊客可以沿著古老的車道步行上山，或選擇更輕鬆的方式乘車上山。乘車路線經由城堡後方小鎮的道路，直達景點入口的停車場。然而，由於道路狹窄且停車場空間有限，經常出現交通擁堵的情況。

　　進入城堡後，從廣場步上階梯便可到達第二層廣場，這裡有國王接見民眾的「公眾廳」(Diwan-i-Aam)，以及「象門」(Ganesh Gate)。象門是進

▲ 象門上精美的繪畫

入國王內宮的通道，宛如一排美麗的屏風，門上裝飾著精美的彩繪與大理石格子窗。

　　內宮中最令人驚豔的建築當屬「鏡宮」(Sheesh Mahal)，宮殿內的每個角落都由鏡面拼出花卉圖案，所用的玻璃於1623年從比利時進口，展現出極高的藝術價值與工藝技術。

▲ 建於山丘上的琥珀堡

▲ 賈勒庭園(Jaleb Chowk)

▲ 鏡宮

▲ 鏡宮與花園

搭乘大象體驗
行家祕技

琥珀堡提供官方搭乘大象體驗，每輛大象轎子的費用為3,500盧比，可供兩人乘坐。若有興趣搭乘，遊客可直接在琥珀堡山腳下的大象站排隊等候。

▲ 琥珀堡山腳下的大象站

琥珀堡經過了不同時期的拓建，內部宮殿透過狹小的通道相互連通，就像是在逛一座迷宮一樣，但有些區域並不一定會開放參觀，通常都會有守衛守著，但這些守衛有時會暗示外國遊客要小費，就會讓你進去不對外開放的區域，但也不是每一個守衛都會這樣做。

琥珀堡水井
Panna Meena ka Kund

✉ Near Kheri Gate, Amer, Jaipur, Rajasthan ／ ⏰ 07:00～18:00／💲 免費

　　如果選擇乘車前往琥珀堡山頂，途中會經過一座正方形的黃色階梯水井——琥珀堡水井。雖然規模不大，但因其鮮亮的色彩設計，吸引了許多遊客專程前來拍照留念。

▲ 琥珀堡水井

湖中宮殿
Jal Mahal

✉ Amer Rd, Gujarghati, Jaipur, Rajasthan ／ ⏰ 24小時營業／💲 免費

　　琥珀堡的國王為了解決缺水危機，建造了一座人工湖，湖中央還設有一座湖中宮殿。這座宮殿目前只能在湖邊觀賞，無法上岸參觀，但依然是琥珀堡周邊美麗的景觀之一。

城市宮殿
City Palace

✉ Gangori Bazaar, J.D.A. Market, Jaipur, Rajasthan, India／🕙 10:00～18:00／💲 印度人300盧比、外國人700盧比／🔗 royaljaipur.in

城市宮殿由齋浦爾國王賈伊辛格二世於1727年統治時建立，當時皇室成員從琥珀堡搬遷至此。這裡不僅是皇室的住所，也是舉辦宗教和文化活動的重要場所。至今，城市宮殿內仍有皇室後代居住，除了私人區域外，其他廳室則作為展示皇室收藏品的博物館，展品包括紡織品、皇室器皿、交通工具、繪畫及照片等。

城市宮殿的建築風格融合了莫臥兒與拉吉普特的特色，是參觀的一大亮點。其中，歷史最悠久的建築是「錢德拉宮」(Chandra Mahal)，這座7層樓高的宮殿目前是皇室後代的住所，僅部分區域對外開放參觀。內宮的庭園廣場 (Pritam Niwas Chowk) 有4扇小門，各以不同的花卉繪畫象徵四季和印度諸神，這4扇小門是城市宮殿最著名的景點之一。

▲ 獻給象神(Ganesha)

▲ 獻給女神帕爾瓦蒂(Parvati)

▲ 獻給毘濕奴神(Vishnu)

▲ 獻給女神(Devi)

▲ 錢德拉宮(Chandra Mahal)

▲ 公眾廳

行家祕技 皇家之旅(Royal Tour)

如果想參觀皇室後代居住的宮殿，遊客可在售票處購買「皇家之旅」門票。門票有兩種選擇：參觀3個宮殿的票價為2,000盧比，參觀5個宮殿的票價為4,000盧比。這兩種門票均包含英語導覽服務，並可在皇宮的陽臺享用一杯飲料(可自由選擇)。

▲ 藍色房間(Chhavi Niwas)

風之宮殿
Hawa Mahal

✉ Badi Choupad, J.D.A. Market, Jaipur, Rajasthan, India／🕘 09:00～16:30／💲 印度人100盧比、外國人400盧比／🌐 www.hawa-mahal.com

齋浦爾的代表性地標——風之宮殿，是由賈伊辛格二世的孫子普拉塔普·辛格（Pratap Singh）於1799年建造。這座五層樓高的大屏風牆矗立在繁忙的街道旁，與為皇室貴婦所居住的宮殿相連，讓無法輕易出門的貴婦們能透過格子窗欣賞街道上平民的生活。

這道屏風牆以紅砂岩建造，形狀如同蜂巢，擁有953個窗戶。值得注意的是，這道屏風牆其實是宮殿的背面，通常遊客在此拍照後便離開。然而，這座宮殿是可以進入參觀的，遊客還可以登上屏風牆的最高樓，俯瞰整座城市的美景。

最佳觀賞風之宮殿的地點是馬路對面的屋頂咖啡廳。從服飾店中間的樓梯上樓後，可以發現幾家咖啡店。通常，進入這些咖啡店拍照需要消費才能獲得入內的權限。

▲ 屏風牆上的小窗

▲ 屏風牆

崔波萊市集
Tripolia Bazar

✉ Malve Nagar, J.D.A. Market, Jaipur, Rajasthan, India／🕘 12:00～20:00

在風之宮殿旁的傳統市集，商店街沿著皇宮的外牆建造。這裡的小店面充滿歷史氛圍，遊客可以找到許多富有當地特色的商品。

▲ 老市集上的商店

▲ 蓋印印刷用的木雕印章

171 Traveling in India · So Easy!

玩樂篇

納哈加爾堡
Nahargarh Fort

✉ Krishna Nagar, Brahampuri, Jaipur, Rajasthan, India／🕐 10:00～17:30／💲 印度人50盧比、外國人200盧比／🌐 www.tourism.rajasthan.gov.in

　　納哈加爾堡與琥珀堡一樣建於山脈陵線上，主要用於防禦功能，也是皇宮貴族狩獵時的住所。來到納哈加爾堡，遊客可以從制高點欣賞整座齋浦爾城市的壯麗風景，並能看到齋浦爾長城的遺跡。這裡也是欣賞夕陽的最佳地點。**請注意**若想前往欣賞夕陽，務必提前安排好車輛接駁。前往納哈加爾堡的道路較為偏僻，日落後的安全性較低，因此建議在日落前確保返回的交通安排妥當。

▲ 納哈加爾堡

豆知識
印度城堡魅力

在拉賈斯坦邦，許多類似納哈加爾堡的小規模城堡中，有些維護良好的城堡已被收購並改建成城堡飯店。遊客可以從納哈加爾堡大致了解印度城堡酒店的房間格局，感受其獨特的魅力與風格。

▲ 烏代普爾城堡飯店

城市博物館
Albert Hall Museum

✉ Ram Niwas Garden, Ashok Nagar, Jaipur, Rajasthan, India／🕐 09:00～17:00、19:00～22:00／💲 印度人40盧比、外國人300盧比／🌐 www.tourism.rajasthan.gov.in

　　亞伯特廳博物館 (Albert Hall Museum)，又稱城市博物館，是以英國國王愛德華七世 (Albert Edward) 命名。這座博物館由英國軍官 Samuel Swinton Jacob 設計，他從阿格拉的古蹟中汲取靈感，融合了歐洲建築的特色。

　　除了建築本體是最值得參觀的重點，館內豐富且多樣化的館藏同樣值得細細欣賞。博物館收藏了印度不同朝代的物品，還有來自其他國家的精美藝術品，包括繪畫、各種材質的雕刻藝術品，以及盔甲和兵器等，甚至還展示了一尊木乃伊。

▲ 城市博物館外觀

▲ 城市博物館內部

173 Traveling **So Easy!** in India

皇家陵墓
Gaitore Ki Chhatriyan

✉ Krishna Nagar, Brahampuri, Jaipur, Rajasthan, India／⏰09:30～17:00／💲30盧比

　　皇家陵墓位於阿拉瓦利山的山腳下，由國王賈伊辛格二世選址作為他與後代皇室成員的陵墓，直到最後一任的齋浦爾國王也葬於此地。這座精緻的皇家陵墓建築，不僅有著精美的印度教神像雕刻，還融合了莫臥兒王朝的圓頂建築風格。

▲皇家成員陵墓

帕崔卡門
Patrika Gate

✉ Malviya Nagar, Jaipur, Rajasthan, India／⏰24小時營業／💲免費

　　在齋浦爾共有7座城門，這7座城門都是粉紅色並加上各種圖案。機場附近的帕崔卡門，是由當地的私人企業出資建造的新城門，鮮豔的色彩吸引許多人前來拍照。

▲帕崔卡門

猴廟
Galta Ji Temple

✉ Galta Ji, Jaipur, Rajasthan, India／⏰05:00～19:00

　　猴廟的正確名稱是「加爾塔吉廟」(Galta Ji Temple)，這是一處位於阿拉瓦利山中的印度教聖地。這裡共有7座天然湧泉水池，其中的「加爾塔」(Galta)水池被認為是最神聖的，據說永不會乾枯，因此吸引了許多印度教徒前來沐浴祈福。由於這個地點有樹林與山壁，吸引了眾多猴子居住在此，因此又被稱為「猴廟」。

▲沐浴的信徒

▲印度教寺廟

💗貼心 小提醒

當心居民強收費用

　　參觀猴廟不需要門票，但是會有當地居民以寺廟名義跟遊客收取門票與相機費，若不繳費他們會跟著一直跟隨遊客，為了節省麻煩大多數的遊客都會付費。若不想被當地的居民強行收取費用，建議跟當地遊客一起入內，或是聘請導遊以避免被騷擾。

玩樂篇

印度其他旅遊城市

經典金三角玩過之後，還有哪些城市可以安排呢？

瓦拉那西
Varanasi

適合旅遊季節：10～3月
建議天數：2日
交通方式：搭乘印度國內班機前往

恆河(Gange)是印度最重要的河流，印度人稱其為母親河。恆河流經的城市之一瓦拉納西擁有悠久的歷史，追溯至西元前11世紀，是印度教與耆那教七大宗教聖地中最重要的一座。在印度，許多人仍以舊名「貝納拉斯」(Banaras)來稱呼這座聖城。

瓦拉納西的恆河沿岸約有2,000座寺廟，印度教徒深信，前往恆河沐浴可以獲得祝福，而在臨終時若能在恆河火化，靈魂便會得到救贖。對於虔誠的印度教信徒而言，生平一定要造訪一次瓦拉納西。

在瓦拉納西的恆河河畔會有階梯平臺，這樣的階梯就叫「河壇」(Ghat)，瓦拉納西共有87座還在使用的河壇，主要用途是提供給信徒可以輕易走到恆河邊沐浴或是舉辦宗教儀式。其中最重要的河壇分別是達薩斯瓦梅朵河壇(Dashashwamedh Ghat)、潘恰甘加河壇(Panchganga Ghat)、馬尼卡尼卡河壇(Manikarnika Ghat)以及哈里什昌德拉河壇(Harishchandra Ghat)，後面的兩座河壇是作為火化遺體用。

▲瓦拉那西恆河畔

▲信徒在潘恰甘加河壇沐浴

恆河祭典
Ganga Aarti

✉ Dashashwamedh Ghat Rd, Varanasi, Uttar Pradesh／⏰ 24小時營業，夜祭18:00～20:00／💲 免費

　　到瓦拉納西不能錯過參與晚間的恆河祭典（Aarti），當夜幕降臨就會在恆河邊舉辦敬神儀式，最知名且大型的祭典會在達薩斯瓦梅朵河壇舉辦。成千上萬的信徒或遊客會前往河壇欣賞祭典的舉辦，若想要有最佳位置只能提早前往河壇邊等候，或者也可以做上小船在河上觀看。

貼心 小提醒

恆河參訪注意事項

■ 印度的宗教聖地都是全城茹素，並且不能飲酒。

■ 瓦拉納西這個千年古城加上宗教聖地，無時不刻都是擠滿來朝聖的人潮。要抵達恆河畔需要穿梭過蜿蜒又狹窄的巷弄，除了人潮以外，不時還需要跟牛隻爭道，而有牛隻穿梭的巷弄環境通常比較髒亂，所以要前往瓦拉納西旅遊的遊客要有心理準備。

■ 建議遊客不要隨意前往火化的河壇，不只是對於遺體不敬重，也會影響到儀式的進行。如果想觀看火化儀式，可以搭船從恆河上遠眺正在進行儀式的河壇。通常有遊客走入火化河壇時，會被當地人要求付錢購買木材做為捐贈，需要特別注意。

▲ 祭神儀式

▲ 搭船於河上欣賞夜祭

▲ 通往恆河的窄路

▲ 正在進行火化儀式的河壇

鹿野苑
Sarnath

✉ Rishpattan Rd, Sarnath, Varanasi, Uttar Pradesh／⏰ 06:00～17:00／💲 印度人30盧比、外國人300盧比／🌐 asi.payumoney.com/quick/buv

　　距離瓦拉納西約30分鐘車程的鹿野苑是印度佛教朝聖路線的其中一個重要聖地，佛陀在建立佛教後第一次講道的地點就是鹿野苑。印度的八大佛教朝聖地點也從這邊開始。

▲ 鹿野苑遺跡

瑞詩凱詩
Rishikesh

適合旅遊季節：四季皆宜，建議避開雨季7、8月
建議天數：最少2天
交通方式：可搭國內班機到德拉敦機場，再轉計程車或包車從德里直接前往

▲ 修道院前的濕婆神河壇

瑞詩凱詩是在北印度北阿坎德邦(Uttarakhand)的一座山城，也是一座恆河流經的城市。在這裡所見的恆河跟瓦拉納西差異很大，由於接近恆河源頭，這裡的河水顏色翠綠且清澈，從山裡的狹窄河道到了瑞詩凱詩變為較寬廣的河床。這樣的特殊地形也讓瑞詩凱詩在夏季時成為熱門的泛舟活動勝地。

印度被稱為瑜伽的發源地，從古印度的經典中提到，可以藉由冥想與瑜伽的動作達到心靈平靜，進而與神產生連結。最知名的瑜伽練習場所之一就是瑞詩凱詩。每年有許多來自世界各地的瑜伽愛好者前來參加長期或短期的瑜伽課程，也有前來取得瑜伽師資證照的老師。此外，每年3月在瑞詩凱詩也會舉辦大型的瑜伽慶典，在「帕瑪斯尼克坦修道院」(Parmarth Niketan Ashram)盛大舉辦。

▲ 瑞詩凱詩街道與餐廳

披頭四修道院
The Beatles Ashram

✉ Swarg Ashram, Rishikesh, Uttarakhand ／ 🕙 10:00～16:00 ／ 💲 印度人150盧比、外國人600盧比

英國著名樂團披頭四曾經在1960年代前往瑞詩凱詩靈修，據說在那段時間是披頭四樂團產出最多膾炙人口音樂的時期，因此讓這個地點引起國際間的關注，進而吸引許多西方遊客前來朝聖。

目前這個地點的建築年久失修，但吸引了許多年輕塗鴉創作者前來創作，形成了一個另類的藝術場所。雖然已經無人維護，但入口仍設有收費亭收取費用。

▲ 瑞詩凱詩恆河景觀

特里維尼河壇夜祭
Triveni Ghat Aarti

✉ Triveni Ghat, Mayakund, Rishikesh, Uttarakhand／⏰24小時營業，夜祭18:00～20:00／💲免費

　　瑞詩凱詩也是印度教宗教聖地之一，在恆河的兩岸有許多寺廟和修道院。每天在日落時刻，會在特里維尼河壇(Triveni Ghat)進行恆河夜祭。夜祭開始前會有幫個別的祈福活動，只需要到服務臺捐獻費用，即可請祭師幫忙做祈福的儀式。

　　這裡的夜祭雖不如瓦拉納西盛大，但熱情參與的民眾會讓人感受到濃厚的氛圍。特里維尼河壇的夜祭有一組樂團帶動整個活動的氣氛，祭典結束後，圍繞著樂團的民眾歌唱與跳舞，久久不願離去。

▲為信徒做祈福儀式

▲現場演唱宗教歌曲的樂團與民眾

赫爾德瓦爾
Haridwar

✉ Har Ki Pauri, Haridwar, Uttarakhand／⏰24小時開放／💲免費

　　在瑞詩凱詩恆河下游約30公里的城市「赫爾德瓦爾」是印度教七大聖城之一，瑞詩凱詩則更像是娛樂與休閒的地點。恆河由赫爾德瓦爾開始流入恆河平原，每12年在赫爾德瓦爾舉辦的大壺節會湧入數以百計的印度教信徒。如果一定要體驗印度恆河水的洗禮，從水質來講，這裡就是最好的地點。

▲清晨前往恆河沐浴的信徒

▲赫爾德瓦爾河壇(Har Ki Pauri)

達蘭薩拉
Dharamshala

適合旅遊季節：夏季3～10月，建議避開雨季7、8月
建議天數：2～3天
交通方式：可從德里西藏村搭乘長途巴士，或搭乘國內班機往返

▲ 康格拉茶園

▲ 當地販售的藏族文物與飾品

達蘭薩拉是北印度喜馬偕爾邦(Himachal Pradesh)的冬季首都，坐落在康格拉(Kangra)山谷，被喜馬拉雅群山環繞，夏季氣候涼爽，非常適合前往避暑。康格拉山谷自19世紀起就開始種植高品質的紅茶與綠茶，製茶方式有別於阿薩姆與大吉嶺地區的紅茶。由於1905年的大地震，康格拉的茶產業暫時畫下休止符，直到2010年左右，康格拉地區的茶廠重新建設，並結合周邊的旅遊產業，使康格拉茶再次復興。

達蘭薩拉早在古老的印度教經典中就被提及，自古以來就是一個宗教聖地。在英國殖民時期，由於大多數軍隊無法忍受平地的酷熱，北印度山區大多有英國軍隊駐紮，並在當地留下了歐式風格的山莊以及教堂。

印度獨立後，達蘭薩拉仍只是一個小山城，直到1959年，十四世達賴喇嘛從西藏出逃到印度，並在達蘭薩拉建立了西藏流亡政府。隨後，越來越多的藏民追隨達賴喇嘛來到達蘭薩拉定居，並在這裡興建寺廟與佛學院，使達蘭薩拉成為藏民的精神中心，以及富有藏族風格的旅遊勝地。

達賴喇嘛寺廟
Namgyal Monastery

✉ Temple Rd, McLeod Ganj, Dharamshala, Himachal Pradesh／🕐 05:00～20:00／💲 免費／🌐 namgyal-monastery.org

▲ 達賴喇嘛寺廟內部

西藏流亡政府的主要寺廟大多位於達蘭薩拉北邊的「麥羅肯村」(McLeod Ganj)。這裡最大的寺廟是「南嘉寺」(Namgyal Monastery)，它是達賴喇嘛的私人寺院，也被稱作大昭寺。南嘉寺除了是宗教活動的中心，還提供年輕僧侶學習佛法的機會及住宿的佛學院。此外，南嘉寺不定期舉辦法會，吸引了來自全世界的虔誠信徒參加。

179 Traveling So Easy! in India

玩樂篇

上密院
GyutoTantric Monastery

✉ Sidhbari, Himachal Pradesh / 🕘 06:30～19:30 /
🌐 kagyuoffice.org

位於康格拉地區的佛學院，有約500名的喇嘛和僧侶在這裡學習佛法，並在此獲得佛法學位。上密院不定期舉辦法會，對於無法會期間的遊客，亦可入內旁觀喇嘛們的誦經和奏樂，這是一個莊嚴且能提升心靈的體驗。這樣的環境讓人感受到深厚的宗教氛圍，並能體驗到藏傳佛教的文化和精神。

▲ 上密院全景

羅布林卡學院
Norbulingka Institute

✉ Temple Rd, Sidhpur, Mohli Lahrandi, Himachal Pradesh / 🕘 09:00～17:30 / 💲 50盧比 / 🌐 norbulingka.org

位於上密院不遠處的羅布林卡學院是一個專注於傳承藏傳佛教藝術的教學單位，涵蓋繪畫、織品設計和家具木工等領域，並且販售由羅布林卡生產的精美工藝品。遊客可以購買門票入內參觀，園區內還設有美味的藏式風味餐廳及提供住宿的飯店，這些具有藏式設計的住宿選擇非常受歡迎。

在羅布林卡學院內，有一座寺廟名為「楚格康寺」(Deden Tsuglagkhang)，建於1995年。寺廟內的裝飾品均由羅布林卡的工藝家們創作，展現出莊嚴且精緻的氛圍。其中一副巨大的絲質唐卡更是寺廟內最吸引目光的藝術品，吸引了眾多遊客駐足欣賞。

▲ 楚格康寺內部

▲ 羅布林卡學院

行家祕技 | 建議行程

從德里前往達蘭薩拉的交通方式較為有限。雖然有直飛的班機，但票價昂貴且班次不多，因此大多數人會選擇搭乘跨夜巴士，單程大約需要10小時。通常，巴士會在晚上發車，並在凌晨抵達。

若遊客有充裕的時間，可以考慮安排從德里前往阿姆利則，在那裡住宿一晚，然後再搭車前往達蘭薩拉。結束達蘭薩拉的行程後，遊客可以選擇搭乘飛機或巴士返回德里，這樣的行程安排也相當受歡迎，能夠讓旅客更好地體驗北印度的風情。

阿姆利則
Amritsar

適合旅遊季節：9～3月
建議天數：2日
交通方式：從德里前往阿姆利則的火車班次很多，或搭乘國內班機往返

阿姆利則是旁遮普邦的城市，也是該邦的經濟首都。這裡的土地平坦且肥沃，大部分用於農業，主要種植小麥和稻米，使阿姆利則成為印度重要的糧倉。在該邦內，約有40%的人口從事農業相關工作。

阿姆利則靠近巴基斯坦邊境，除了具有重要的軍事地位外，還是錫克教徒的神聖聖城。每年，這裡吸引了約3,000萬名來自國內外的遊客，前來朝聖和旅遊，體驗這座城市的宗教文化和豐富的歷史背景。

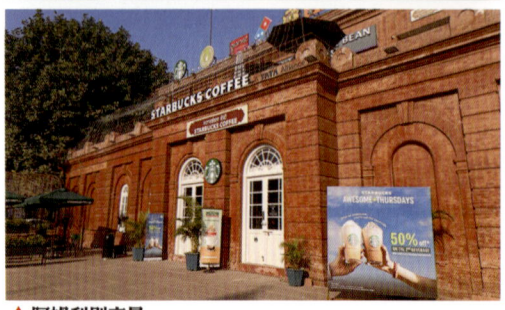

▲ 阿姆利則市景

豆知識
旁遮普移民潮

加拿大有約2.6%的人口來自旁遮普地區，其中大多數是錫克教徒。這波移民潮始於20世紀初期，至今仍在持續，主要原因除了地區的政治因素外，許多人也為了尋求更好的工作機會而選擇移民。

在旁遮普地區，隨處可見移民美國和加拿大的留學或移民代辦中心的廣告看板，這在印度其他地區並不常見。這反映了旁遮普人對於海外生活的強烈追求，以及他們在全球範圍內建立的社區網絡。

金廟
Golden Temple

✉ Goal Bagh, Amritsar, Punjab ／🕐 24小時開放／$ 免費／🌐 durgianamandir.in

金廟是阿姆利則最知名的地標，全名為「哈曼迪爾薩希卜」(Harmandir Sahib)，俗稱「金廟」。它是由錫克教的第五位上師「阿爾詹大師」(Guru Arjan)於1604年建造的，期間因戰爭而多次遭到

▲ 金廟入口的鐘樓

毀壞重建，直到1809年在蘭吉特辛格(Ranjit Sing)建立的錫克帝國下再次重建並貼上金箔，因此被稱為金廟。

　　金廟向大眾開放，歡迎任何宗教信仰者，不分職業和財富，任何人都可以前來膜拜或參觀。金廟周圍是一個大水池，信徒可在水池邊沐浴以祈求祝福。金色的聖殿建於水池中央，與聖殿相連的長廊幾乎整日都有大量信徒排隊進入，他們希望從聖殿後方的水箱中提取聖水飲用，或帶回家送給需要健康的親友。據統計，每日約有15萬人次進入金廟參觀。

▲早晨陽光照射下的金廟

印巴邊境衛兵交接儀式
Norbulingka Institute

✉ Grand Trunk Rd, Wagah, Punjab ／ ⏰ 15:00～18:00 ／ 💲 免費

　　在阿姆利則西約30公里的印度與巴基斯坦邊界，有「瓦加邊境」(Wagah Border)。這裡每天傍晚都會舉行盛大的降旗典禮，穿著華麗軍服的印度士兵在降旗典禮前會進行一些小活動，以鼓舞群眾的氣氛。與此同時，巴基斯坦那邊也會進行類似的活動，甚至兩國的主持人還會相互叫囂。

儘管印巴兩國的關係並不融洽，但在瓦加邊境的氛圍卻是歡樂的，更像是一場專為遊客而演出的降旗秀。

行家祕技｜降旗典禮

前往邊境的交通並不便利，大多數遊客選擇搭計程車前往，並讓司機等候到典禮結束。外國人持護照可以直接入座VIP區，如果想要體驗更熱鬧的氛圍，可以與印度群眾坐在一起。降旗典禮是免費參觀的，因為必須通過安檢及排隊等過程，會花費不少時間。活動每天約17點左右開始，建議15點就前往。

▲邊境安全部門BSF博物館

▲降旗典禮

玩樂篇

拉達克
Ladakh

適合旅遊季節：6～10月
建議天數：4～6日
交通方式：搭乘印度國內班機往返最快速且便利

拉達克是印度最北邊的領土，於2019年後脫離喀什米爾，並獨立成為中央直轄區(Union Territory)。拉達克地區與巴基斯坦和中國接壤，長期以來與兩國之間存在國土爭議。然而，由於政府積極發展拉達克的觀光產業，因此對於遊客而言，這裡是一個安全的旅遊地點。

拉達克的風景壯麗，大部分地區的海拔都在3,000米以上，因此高山症的預防非常重要。此外，由於拉達克的公路在冬季會因大雪結冰而封閉，旅遊旺季通常只有短短幾個月，這段時間內會湧入大量遊客。

列城(Leh)是拉達克的首府，每天有班機從德里或孟買直飛列城。由於拉達克屬於邊防重要地區，外國人前往拉達克旅遊需要辦理「保護區許可證」。某些受限制國家的遊客必須在德里辦理好「保護區許可證」，而台灣遊客則可以直接在列城辦理。如果沒有許可證，則只能在列城市區內活動。

▲列城市區街道

貼心小提醒

抵達列城後的安全與適應

■若搭乘飛機直接抵達列城，降落時已經是海拔3,256米。建議第一天不要進行劇烈活動，應先在市區內休息，讓身體適應高海拔環境。出發前可請醫生開立預防性藥物備用。

■遊客在印度其他城市購買的網路卡在拉達克無法使用。若需要上網，除了可以向當地旅行社租用網路卡外，也可善用飯店的無線網路。**請注意** 班公胡地區為軍事管制地點，當地人的手機網路也無法使用。

▲列城市區山景

班公湖
Pangong Tso

✉ Pangong Lake Road, Pangong, Ladakh ／ 🕐 24小時開放 ／ 💲 免費

　　班公湖是拉達克最著名的景點，海拔4,350公尺，是全世界海拔最高的鹹水湖。儘管是鹽水湖，但冬天仍然會結冰，約在5月底開始融化，隨之迎來旅遊旺季。班公湖的面積達700平方公里，其中50%屬於中國西藏地區，40%屬於印度，剩下的10%則是中印兩國對於主權有爭議的部分。

　　湖水在不同光線的照射下呈現寶藍色，映照著周圍的山景，使班公湖的景色猶如千變萬化的七彩湖泊。這裡之所以聞名，是因為知名的寶萊塢電影《三個傻瓜》在此取景，吸引了大量遊客前來。然而，遊客的蜂擁而至也對當地生態造成了不少破壞。

▲ 班公湖景色

▲ 拉達克公路旁的景色

拉達克藏傳佛教寺廟
Takthok Monastery

✉ Grand Trunk Rd, Wagah, Punjab ／ 🕐 15:00～18:00 ／ 💲 免費

　　拉達克在印度被稱為「小西藏」，這裡有許多古老且壯觀的寺廟。每年7月分是多數拉達克寺廟舉辦慶典的季節，期間會以獨特的「面具舞」(Cham Dance)向神明傳達敬意。著名的寺廟包括：Thiksey Monastery、Hemis Monastery、Takthok Monastery和Diskit Gompa。

▲ Takthok Monastery寺廟的慶典

▲ 列城市區內的香堤佛塔(Shanti Stupa)

斯利那加
Srinagar

適合旅遊季節：四季皆宜
建議天數：3～5日
交通方式：搭乘印度國內班機往返最快速且便利

　　斯利那加位於印度北方的喀什米爾地區，當地交通便利，無論是空中交通還是地面交通都相當方便。每年夏天，從斯利那加前往拉達克的路線是許多重機騎士最喜愛的選擇之一。斯利那加是一個四季皆具特色的旅遊城市：春季適合賞花，夏季適合登山健行，秋天的景色美不勝收，而冬季則是滑雪愛好者的必訪之地。

▲斯利那加賈瑪清真寺

鬱金香花園
Tulip Garden

✉ Cheshma Shahi Rd, Rainawari, Srinagar, Jammu and Kashmir／🕒08:00～19:00／💲成人75盧比

　　位於斯利那加的扎巴萬((ZabarwanHill) 山腳下的鬱金香花園，每年3月下旬舉辦全亞洲最大的鬱金香節，為期約20天。這個腹地寬廣的花園內種植了各種顏色的鬱金香，還有多種當地花卉盛開，已成為春季最令人期待的活動。

▲鬱金香節

斯利那加水上市場
Floating Vegetable Market

✉ Floating Vegetable Market, Dal Lake, Srinagar, Jammu and Kashmir／🕒24小時開放／💲免費

　　達爾湖連接著一片天然的濕地，濕地與湖泊共同形成一些小區域的濕地花園和河道。這些小河道交錯在居民的居住區域，使得手划船成為居民便捷的交通工具。每天清晨，販賣蔬菜、水果或鮮花的小販會划著船前往水上市場進行交易，通常在夏季的水上市場格外熱鬧。

▲水上市場交易蔬果鮮花為主

達爾湖
Dal Lake

✉ Boulevard Rd, Nishat, Srinagar, Jammu and Kashmir／🕘 09:00～19:00／💲 成人20盧比

達爾湖是印度喀什米爾第二大的湖泊，位於斯利那加的市中心。由於當地氣候相比德里涼爽許多，從莫臥兒王朝時期開始，斯利那加就被指定為避暑地點，並於湖畔建造了美麗的莫臥兒花園。到斯利那加旅遊，體驗入住達爾湖上的船屋是不可或缺的選擇。湖面上停靠著許多精美的木造船屋，現今大多用作旅客住宿，根據船屋的大小和設備，分為平價和豪華船屋。這些船屋大多已具古蹟等級，追溯至19世紀英國殖民時期，當時許多英國人希望在美麗的斯利那加建造私人房屋，但因當時統治者下達禁令，於是他們想到在湖上建造船屋的替代方案。隨著英國人撤出印度，這些豪華船屋得以保留下來。

▲ 達爾湖上的船屋

登山與健行

✉ Sonamarg & Pahalgam／🕘 24小時開放／💲 免費

喀什米爾地區的高山湖泊健行活動在夏季深受登山愛好者喜愛。遊客也可以輕鬆前往距離斯利那加約2小時車程的小鎮索納瑪格(Sonamarg)、帕哈加姆(Pahalgam)地區，騎馬欣賞喀什米爾山谷的美麗景色。

貢馬滑雪場
Gulmarg

✉ Gulmarg, Jammu and Kashmir／🕘 08:00～17:30／💲 不須門票，搭乘纜車需要付費／🌐 www.jammu-kashmircablecar.com

喀什米爾的貢馬(Gulmarg)滑雪場是印度最容易抵達的滑雪勝地，從斯利那加車程僅需2小時。貢馬滑雪場以優質的粉雪聞名，每年的雪季從1～3月，吸引了來自世界各地的滑雪高手前來挑戰。滑雪場內的纜車站分為兩層，這座纜車是全世界第二長且海拔第二高的纜車。

▲ 貢馬滑雪場與纜車

🫘 豆知識
查謨和喀什米爾邊境爭議

查謨和喀什米爾(Jammu and Kashmir)是這個直轄區的完整名稱，冬季的首府位於查謨，而夏季的首府則在斯利那加。該地區位於印巴兩國邊境，長久以來一直存在領土爭議。在1947年印巴分裂時，喀什米爾分別由印度和巴基斯坦擁有，其中三分之一屬於巴基斯坦控制的喀什米爾(簡稱POK)。不過觀光景點都在安全範圍內，遊客不必過於擔心。

開始 So Easy! 自助旅行
在印度

孟買
Mumbai

▲孟買濱海大道(marine drive)夜景

適合旅遊季節：四季皆宜
建議天數：2～3日
交通方式：搭乘國際或國內班機

孟買是印度的重要城市之一，是馬哈拉施特拉邦(Maharashtra)的首府，也是印度人口最多的城市。作為印度的金融重鎮，孟買吸引了幾乎所有的富豪居住於此。這裡高樓林立，城市景觀與德里大相逕庭，生活成本亦屬於印度最高。

孟買最吸引遊客的特色之一是當地的印度撒拉遜風格(Indo-Saracenic)建築。這種風格由英國建築師創造，將歌德式風格與莫臥兒帝國的伊斯蘭元素相融合，並加入了印度獨特的建築特色，主要用於公共建設上。例如，孟買中央車站的建築便是此風格的典範。

孟買門
Gateway of India

✉ Apollo Bandar, Colaba, Mumbai, Maharashtra／🕐24小時開放／💲免費

位於海邊的孟買門建於20世紀中，旨在紀念1911年英國國王喬治五世訪問印度。印度獨立後的1948年，英國最後一支軍隊也從這裡撤離。背對著孟買門的泰姬瑪哈宮殿飯店已成為前來孟買旅遊必訪的景點。

▲孟買門

孟買火車總站的全名是賈特拉帕蒂希瓦吉(Chhatrapati Shivaji Terminus)，簡稱為CST。這座建築以印度撒拉遜風格著稱，至今仍是孟買最繁忙的火車站之一。

▲孟買火車總站

行家秘技：歷史建築步行路線

在孟買老城區，有許多歷史建築可供參觀。遊客可以從孟買門作為起點，沿著步行路線前往孟買火車總站，欣賞沿途的特色建築。這條路線不僅能感受到孟買的歷史魅力，還能欣賞到多樣的建築風格。

■印度貧富差距觀察

在孟買，遊客最能觀察到印度巨大的貧富差距。可以前往參觀孟買的貧民窟「達拉維」(Dharavi)以及「千人洗衣場」(Dhobi Ghat)。這兩個地點位於相對繁忙的區域，因此建議在當地導遊的陪同下前往會比較安全。

孟買火車總站
Chhatrapati Shivaji Terminus

✉ Chhatrapati Shivaji Terminus Area, Fort, Mumbai, Maharashtra／🕐24小時開放／💲免費

加爾各達
Kolkata

適合旅遊季節：10～3月
建議天數：2～3日
交通方式：可搭乘國際或國內班機抵達，也有許多的火車班次前往加爾各答

　　加爾各答是西孟加拉邦(West Bengal)的首府，也是印度東部的主要商業與金融中心，按人口數排名是印度第七大城市。這座多元文化的城市被譽為「快樂之城」(City of Joy)，以其融合的文化、獨特的建築和美味的美食吸引著眾多遊客前來拜訪。

▲大學街(College Street)上的二手書攤

維多利亞紀念博物館
Victoria Memorial Hall Museum

✉ Cathedral Rd, Maidan, Kolkata, West Bengal／⏰10:00～18:00 (週一公休)／💲印度人50盧比、外國人500盧比／🌐victoriamemorial-cal.org

　　維多利亞紀念博物館是加爾各答一座著名的印度撒拉遜風格建築，採用白色大理石建造，歷時20年於1921年完成，旨在紀念維多利亞女王。博物館中央的穹頂上，矗立著一座16英尺高的勝利天使雕像，隨著風的吹動而轉動。博物館周圍有一座占地64英畝的花園，成為當地民眾喜愛的休閒場所。

垂死之家
Kalighat Home for the Dying

✉ Bindu Rd, Anami Sangha, Kalighat, Kolkata, West Bengal／⏰09:00～12:00、15:00～17:30／💲免費／🌐missionariesofcharity.org

　　由德雷莎修女所創辦的收容所，在加爾各答當地受到崇高的尊敬。德雷莎修女的無私奉獻深深影響著當地社區，許多民眾會在地鐵站內的紀念區放置花束，以此來表達對她的敬意。

▲德雷莎修女紀念區

胡格利河
Hooghly River

✉ Judges Ghat, Babu Bagan, Kolkata, West Bengal／⏰24小時開放／💲免費

　　胡格利河是恆河在印度西部的支流，對於加爾各答居民來說，胡格利河是日常生活中不可或缺的重要河流。許多活動都圍繞著胡格利河舉行，此外，這裡也是欣賞夕陽的最佳地點之一。

▲胡格利河的王子河壇(Prince Ghat)

通訊篇
Communication

在印度打電話、上網、寄信

在印度如何撥打電話回台灣與親友報平安？上網是否方便？如果想寄明信片給朋友，又該去哪裡寄呢？這篇將分享這些實用的資訊。

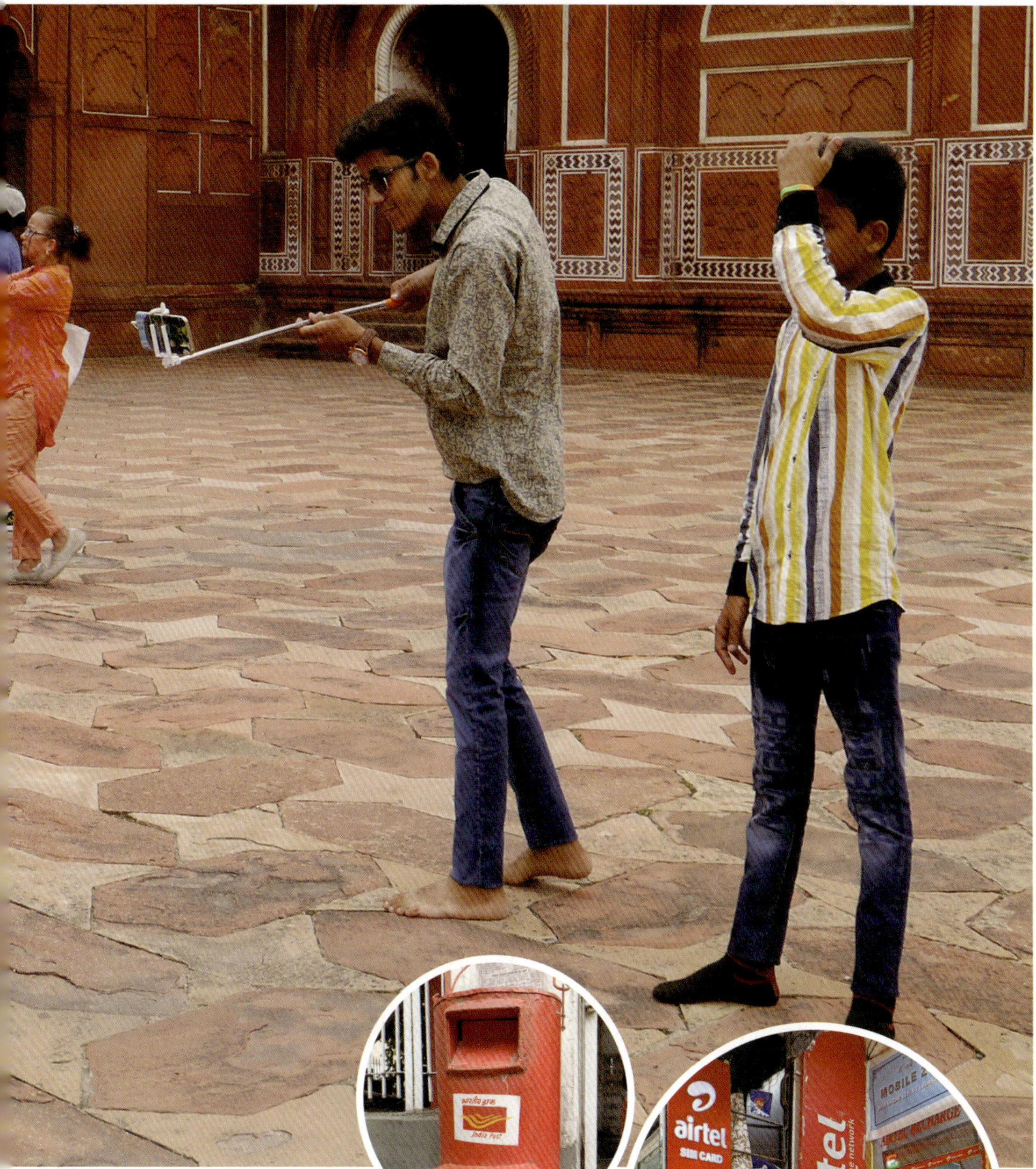

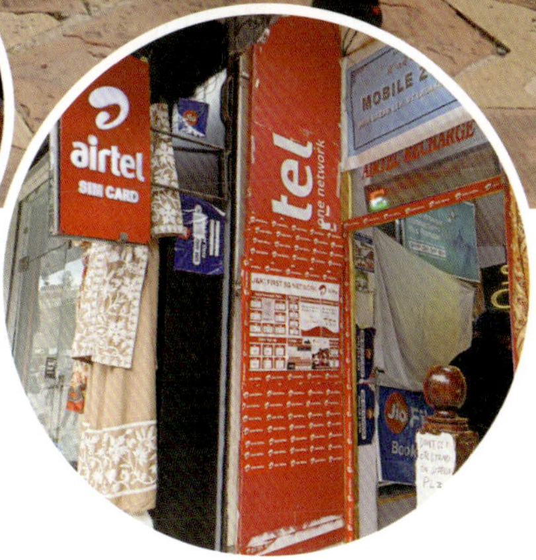
airtel
SIM CARD
tel
one network

打電話&上網

行動網路已成為旅遊中的必備要件，順暢的網路通訊讓旅程更加安心無憂。

從台灣打電話到印度

台灣國際冠碼 + 印度國碼 + 區域號碼 + 電話號碼

請注意 先撥電信公司指定的國際冠碼，中華電信是「002」、「009」，台灣大哥大是「006」，每家電信公司都不同。

撥打方法	台灣國際冠碼+	國碼+	區域號碼+	電話號碼
市話打市話	002	91	區域碼(去0)	手機10碼、市話9或10碼
市話打手機	00	91	區域碼(去0)	手機10碼、市話9或10碼
手機打市話	按+號	91	區域碼(去0)	手機10碼、市話9或10碼
手機打市話	按+號	91	區域碼(去0)	手機10碼、市話9或10碼

從印度打電話回台灣

印度國際冠碼 + 台灣國碼 + 區域號碼 + 電話號碼

請注意 印度少見到公用電話，若有需要可以前往飯店付費撥打國際電話。

撥打方法	台灣國際冠碼+	國碼+	區域號碼+	電話號碼
市話打市話	00	886	區域碼(去0)	7碼或8碼
市話打手機	00	886	區域碼(去0)	9碼
手機打市話	按+號	886	區域碼(去0)	7碼或8碼
手機打市話	按+號	886	區域碼(去0)	9碼

通訊軟體

在印度，人們最常使用的通訊工具是WhatsApp，可以使用任何國家的電話號碼註冊後使用。社群軟體方面，臉書和Instagram也非常普及，並且經常被用作通訊工具。

台灣購買SIM卡

在出發前，建議先在台灣網路上購買適用於印度的網路卡，優點是抵達後可以立即聯繫家人或朋友。市面上販售的商家和種類繁多，建議選擇評價較高的賣家，避免網卡到印度後無法使用，

這種情況相當常見。目前的趨勢是以eSIM逐漸取代實體網卡，但購買前要確認手機是否支援eSIM功能。

另外，台灣的電信公司也提供國際漫遊服務，讓你在印度使用原手機號碼進行通話和上網。可以在抵達印度前幾日開啟國際漫遊服務，等到了印度再購買當地的網卡。雖然國際漫遊的價格較高，但仍然是一個便利的選擇。

印度購買SIM卡

印度的電信公司主要有三家，分別是Airtel、Jio以及Vodafone。不過，能讓外國遊客購買預付卡的只有Airtel。在印度各大國際機場可以輕鬆購買Airtel的預付卡，城市內也不難找到Airtel的服務據點。

在Airtel門市購買的預付卡通常可以立即開通使用，方案選項較少，常見的是每日1.5GB流量、有效期30天的方案。如果需要使用超過30天，可以通過Airtel的APP進行儲值以續用。若每日使用超過1.5GB流量，會在午夜12點後重新計算。

▲販賣手機門號的路邊小店

貼心 小提醒

小心電信詐騙

近年來印度的電信詐騙案件頻傳，因此購買SIM卡都是實名制登記，除了要填寫許多資料外，還要透過銷售人員上傳證件照片與個人照，為了避免淪落為詐騙案件的共犯，建議不要轉售SIM卡給不認識的人，也不要幫忙購買SIM卡並攜帶出境。

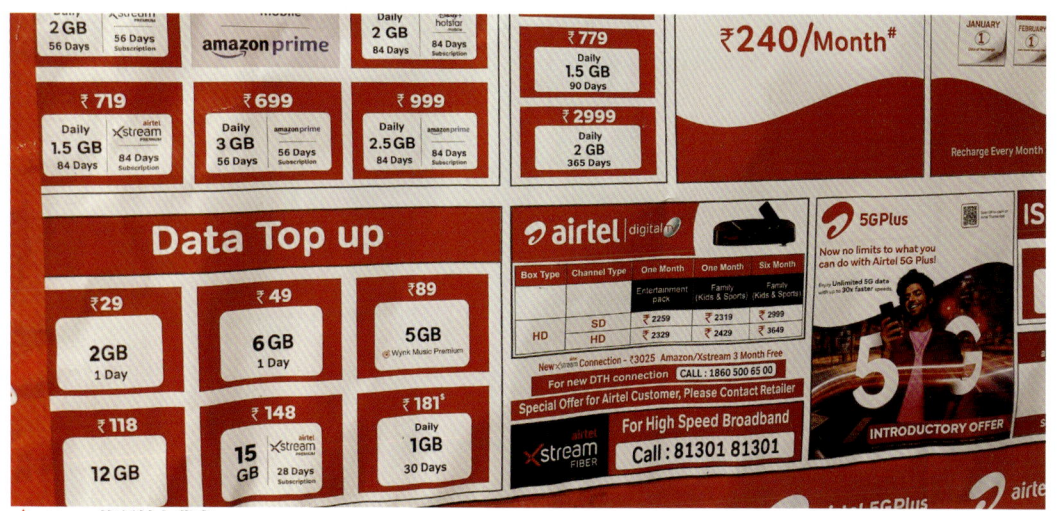

▲Airtel的預付卡費率

郵寄

印度郵局擁有最多的據點，是寄送郵件最經濟實惠的選擇。

明信片

如果想要寄明信片到台灣，可以直接前往印度郵局的櫃檯購買郵票。明信片上的地址可以用中文書寫，並在最後加上英文的「TAIWAN」字樣。將郵票貼好後，直接投遞到郵局外的郵筒即可。

從印度寄一張明信片到台灣的郵資大約是35盧比。通常寄送時間約為15天，但如果運氣不佳，郵件可能會遺失。

請注意 印度郵局屬於政府單位，環境相對簡樸，工作人員的效率與態度可能不如預期，且不一定能用英語順暢溝通。如果只需寄送明信片，可以先詢問入住的飯店櫃檯，許多飯店會提供代寄服務，這樣能省去前往郵局的麻煩。

郵資請上郵局官網 www.indiapost.gov.in

▲印度郵局的郵筒

▲風景明信片

包裹

從印度寄包裹到台灣並不便利，遊客可能不容易找到私人的快遞代理公司。若有寄送包裹的需求，可以參考印度郵局或是國際連鎖快遞服務公司。

印度郵局

印度郵局也提供國際包裹寄送服務，但寄送前需要自行將包裹打包妥當，並提供當地人的證件作為擔保。通常情況下，包裹會在10～15天內抵達台灣。

最近的服務據點請上郵局官網查詢
http www.indiapost.gov.in/vas/pages/LocatePostOffices.aspx

BlueDart國際快遞公司

如果需要寄送價值較高的物品，可以選擇BlueDart快遞，這是國際快遞公司DHL在印度的子公司。雖然價格較高，但其效率明顯優於郵局，且服務據點也相對容易找到。

BlueDart官網 http bluedart.com

▲寄送中的包裹

貼心 小提醒

留意國際包裹有無違禁品

在印度郵局寄國際包裹時有分為一般空運包裹以及EMS包裹，EMS是國際連鎖快遞品牌，並非每一家印度郵局都有提供EMS快遞服務，可以前往印度郵局官網查詢。不管包裹是從國外寄到印度或是印度寄往國外，對於液體、藥品、食品或者有包含電池的設備等運送都要特別注意，郵局櫃檯不會對包裹開箱檢驗，通常到了海關檢驗時有包含不能運送的物品會直接退運，若遊客已經離開印度，恐怕追蹤包裹會有難度。

▲ BlueDart快遞（圖片來源：印度郵局官網）

應變篇
Emergencies

在印度，發生緊急狀況怎麼辦？

旅行時，若財物證件遺失，或生病發生意外，都有辦法可解決，請見本篇的各種緊急處理辦法，與認識在地的緊急聯絡單位。

DEPARTMENT OF
GASTROENTEROLOGY
OPERATIONAL FROM
NOW ONWARDS

PRIMUS
FAMILY WELCOMES

DR. ALOKIT GULATI

HOD
GASTROENTEROLOGY & HEPATOLOGY
MBBS (MAMC), MD,
DM Gastroenterology (PGIMER)

FOR APPOINTMENTS CALL :
011-66206633

物品遺失

遺失物品該如何處理，是否找得回來？

護照遺失

如果發現護照遺失或被偷，應立即前往當地警察局報案，並索取報案收據，以確保遺失的護照無法被冒用。接著，請持報案收據至駐印度台北經濟文化中心補辦護照。

補辦護照需要準備護照申請書、2吋彩色證件照片2張、報案證明或遺失護照說明書。**請注意** 遺失護照說明書應向當地警察機關報案，取得報案證明；若當地警察機關不受理，得以「遺失護照說明書」代替。

貼心小提醒

請備份護照及身分證
建議將護照以及台灣身分證影印並與正本分開存放，以備不時之需。

入國申請書
若沒有足夠時間重辦護照，也可以向駐外館處申請「入國證明書」。需準備入國證明書者申請表、2吋彩色證件照片2張，以及台灣身分證明。申請書表格可參考外交部領務局。
https://www.boca.gov.tw/lp-35-1.html

財物遺失

出外旅遊時要特別注意財物安全，避免露出財物。建議將金錢分散放在不同的袋子中，並且如果有飯店保險箱，將護照和備用金錢存放在裡面會更安全。如果飯店沒有保險箱，可以將物品放入行李箱並上鎖。

若不慎遺失了金錢，且聯繫不上可以幫忙的人，可以嘗試以下方法。

西聯匯款

印度的西聯匯款據點相當多，但在台灣目前只有京城銀行提供西聯匯款業務。建議首先在印度找好附近的西聯匯款據點，然後請台灣的親友指定匯款到該據點。收到相關資訊後，就可以在印度方便地領取現金。

印度西聯匯款 www.westernunion.com/in/en/home.html

駐印度台北經濟文化中心

若真的無計可施，可以前往駐印度的代表處詢問，看是否有相關措施可以協助你解決問題。他們通常會提供必要的支援和指導，幫助你應對當前的困境。

求助資訊這裡查

駐印度台北經濟文化中心（德里）北印度
- ✉ No. 34, Paschimi Marg, Vasant Vihar, New Delhi-110057, India
- 📞 (+91-11) 4607-7777、急難救助電話：(+91)9810642658
- ➡ 搭乘德里地鐵到 Vasant Vihar 站，出站後轉搭計程車或 Auto(電動三輪車) 即可抵達。位置鄰近 Vasant Vihar C Block Market

駐印度台北經濟文化中心（清奈）南印度
- ✉ ASV Chamiers Square, 4th Floor, 87/48, Chamiers Road, R A Puram, Chennai, Tamil Nadu 600028, India
- 📞 (+91) 44-4302-4311、急難救助電話：(+91)96000-99511

信用卡遺失

若發現信用卡遺失，應立即打電話給信用卡發卡銀行進行止付。你也可以直接撥打信用卡的國際客服電話，根據個別信用卡的規定，他們將提供緊急補發信用卡或現金的協助。**請注意**在出國前，建議將信用卡的資訊，例如卡號、使用期限等，抄下來。可以加速信用卡掛失處理的作業，並在需要時方便查詢。

求助資訊這裡查

Visa 信用卡國際組織

在撥打信用卡的國際客服電話時，可以要求中文服務。接通後，請用英文說「Mandarin, please」。此外，你也可以上網使用線上客服交談功能，這樣可以更方便地獲得幫助。
- 📞 000-800-100-1219
- 🌐 www.visa.com.tw/support/consumer/lost-stolen-card.html

Master 萬達信用卡國際組織

如果客服沒有提供中文服務，並且需要中文協助，可以直接撥打信用卡發卡銀行的電話，詢問是否有中文客服可供幫助。
- 📞 000-800-100-1087

▲ 遇上困難也可以找攤販協助，通常攤車上貼有神像的攤販老闆，往往擁有虔誠的信仰樂於助人

突發狀況處理方法

遇到緊急事件時，請保持冷靜、小心謹慎地處理情況，避免與當地人產生衝突。

迷路

在印度若迷路，建議可以向路人方向，因為當地人普遍樂於助人。建議尋找看起來像學生或是路上遇到的家庭進行詢問，但務必避免跟著陌生人前往任何地方。

另外，印度街頭常見警察，你也可以向他們詢問想要前往的方向。若在路上遇到困難，也可以前往附近的商店或飯店詢問，通常這些地方的店家能以英語進行溝通，提供更清晰的指引。

發生意外

遇到任何緊急事件時，可以自行撥打電話報警，或請附近的人幫忙報警。此外，也可以撥打電話請朋友協助，或者向駐印度的台灣代表處尋求幫助。(駐印度台灣代表處資訊請見 P.197)
- 女性遇害撥打 **181** 或 **94789 13181**
- 發生搶案或車禍撥打 **100**
- 火警撥打 **101**
- 叫救護車撥打 **108**
- 任何其他緊急事件 **112**

貼心小提醒

就醫請索取收據

若在國外醫療機構看醫生，記得索取收據。回到台灣後，可以申請健保補助費用，或是向私人保險公司索賠。建議請醫院開立兩份正本收據，以備不時之需。

▲女警服務站 Pink Booth，有女警駐守，若不在服務時間可以撥打外牆上的電話求助。德里重要的景點跟市集都容易見到

生病

急診

印度的醫療產業相當發達，擁有許多大型且國際化的私人醫療機構。若需要醫療服務，可以前往這些大型私人醫院，並尋求國際部的協助，專人將協助你掛號以及處理醫院內的各種需求。

以下是北印度地區知名私人醫療機構：
- Max Super Speciality Hospital
- Primus Super Speciality Hospital
- Fortis Hospital

藥局

旅途中如果不小心吃壞肚子或感冒，可以前往市場上的藥房購買成藥。只需告知藥劑師你的症狀，他們就會提供相應的藥品。值得注意的是，印度的藥品多數是以散裝形式販售，而非盒裝。如果在印度吃壞肚子，當地的成藥通常非常具有成效。

▲ 市場上的藥房

▲ 印度大型醫院普遍都設有國際部

內急

在路途中，難免會需要找廁所，因此了解印度的用廁所習慣及可以找到廁所的地方非常重要。

飯店或咖啡店

飯店的大廳通常會提供給客人使用的公用廁所，這是一個乾淨且便利的選擇。此外，連鎖咖啡店的廁所也很方便借用，尤其在市區中更容易找到。

休息站或加油站

印度公路上的休息站和加油站數量眾多，但衛生條件可能因地而異。通常使用這些設施是不需要付費的，但有些休息站的清潔人員習慣遞上衛生紙並示意要收取小費，這時可以選擇不予理會。

公共廁所

在大城市的景點內或其附近，通常容易找到公家設置的公用廁所，門口會明確標示為免費使用。然而，有些私人設置的公共廁所則會有一位人員坐在門口收取費用，價格通常為5盧比。

請注意 印度的公廁大多不提供衛生紙，通常會放置一個水桶和水瓢供清潔使用。因此，廁所內經常會濕滑，請留意不要跌倒。建議可以從台灣攜帶一些衛生紙或濕紙巾，以備不時之需。

路上觀察：TO-LET不是TOILET

在印度的街道上經常能見到的招牌TO-LET，意思是房屋或店面出租。這種用法在台灣較為少見，常常會讓人不小心誤認為是廁所的TOILET。

▲TO-LET是招租廣告。在照片中的牆角上，有一幅印度神的畫像，這種情況在印度相當常見，通常是為了防範隨意小便的行為

▲公家設置的免費公用廁所

▲印度廁所內常見的水桶

防騙

印度人與台灣人的思維差異相當大，有時即使使用英語溝通，也會出現雞同鴨講的情況。因此，首先要對因背景不同而產生的思維差異有心理準備，這樣才能更容易分辨究竟是被騙還是認知上的不同。

- 如果遇到話術欺騙讓人感到不適時，可以輕鬆地對對方說：「你的神正在天上看著你。」這對於大多數有宗教信仰的印度人相當有效。
- 對於飯店或餐廳的服務人員，應避免給予過多的關注和善意。雖然並非所有服務人員都想占遊客便宜，但有時過度熱情的服務人員可能期待與外國遊客建立進一步的情感聯繫。
- 在熱門景點，尤其是市集，對於主動上前攀談或詢問是否需要幫助，或聲稱要帶你去「更好」購物地點的人，應保持謹慎。
- 在火車站附近，請警惕假遊客中心。他們可能會提供當地暴動或飯店火災等虛假資訊，這通常只是騙局。

路上觀察｜印度人也吃檳榔

印度人有吃檳榔的習慣，印度檳榔稱為PAAN。這種檳榔是用一些印度香料和植物葉子製成，咀嚼後會釋放出紅色汁液。

▲ 路邊檳榔攤

路上觀察｜印度露天理髮

在印度的大馬路上，經常可以見到一張椅子和一面掛在牆上的鏡子，提供男士理髮或修鬍子的服務。價格通常在50～100盧比，許多男遊客會想嘗試這種印度快剪。

▲ 印度路邊理髮

▲ 路邊菸草及點心攤販

機場篇

शून्य 0	एक 1	दो 2
तीन 3	चार 4	पांच 5	छह 6
सात 7	आठ 8	नौ 9	दस 10

| बोर्डिंग गेट 登機口 | निकलें 出口 | व्यापारिक यात्रा 商務考察 | होटल 飯店 |

प्रवेश 入境	मुझे चेक-इन के लिए किस काउंटर पर जाना चाहिए? 我應該到哪一個櫃台辦理登機？
सामान 行李	मैं बाहर निकलने का रास्ता कैसे ढूंढूं? 我要如何找到出口？
पर्यटन 觀光	मैं _____ होटल में रहता हूँ 我住在_____飯店
देश छोड़ रहे हैं 出境	मैं टैक्सी कहां से ले सकता हूं? 我可以在哪裡搭乘計程車？
मित्र से मिलें 拜訪朋友	मैं शहर के लिए बस कहां से ले सकता हूं? 我可以在哪裡搭乘巴士前往市區？
हवाई अड्डे 機場	मैं शहर के केंद्र तक कितनी देर में पहुंच सकता हूं? 我需要多長時間才能到達市區？

| कृपया मुझे टर्मिनल 3 पर छोड़ दें 請載我到第三航廈？ | मेरा सामान गायब है! 我的行李不見了！ |
| सामान का वजन अधिक होना 行李超重 | सामान की जांच 行李託運 |

交通篇

| डिस्काउंट टिकट 優惠票 | सीट 座位 | आगमन 抵達 |

203 Traveling in India **So Easy!**

法語指指點點

एक टिकट 一張票	एकल यात्रा टिकट 單程票	शयन गाड़ी 臥鋪	ऑटो रिक्शा 電動人力車
वयस्क टिकट 成人	वापसी यात्रा टिकट 來回車票	प्लैटफ़ॉर्म 月臺	मेट्रो 地鐵
रेलवे स्टेशन 火車站	विंडो सीट 靠窗座位	भुगतान 付款	बांया मोड़ 左轉
टिकिट लेना 售票處	गलियारे की सीटें 走道座位	रस्थान 出發	बाएँ दांए 右轉
सीधे जाओ 直走	प्रथम श्रेणी वातानुकूलित सीट 1冷氣座位		
देरी 誤點	क्सी 計程車	मैं रेलवे स्टेशन कैसे छोड़ूँ? 我要怎麼離開火車站？	
बस 巴士	अगला स्टेशन 下一站	कृपया मुझे होटल तक छोड़ दो 請送我到飯店	

कृपया मुझे बोर्डिंग प्लेटफार्म पर ले चलो 請帶我到乘車月臺	पहुंचने में कितना समय लगेगा 需要多久才抵達？
या मेरी ट्रेन लेट हो गई है? 我的火車誤點了嗎？	अगली बस किस समय है? 下一班巴士是幾點？
मैं अगले पड़ाव पर उतरना चाहता हूं 要在下一站下車	

住宿篇

	सुबह 早上	दोपहर 下午	रात 晚上
आज 今天	कल का 昨天	कल 明天	एक रात रुको 住一晚
एक सप्ताह रुकें 住一周	एकल रूम 單人床	जुड़वाँ कमरा 雙人房	अतिरिक्त बिस्तर 加床

चाबी	鑰匙
कमरा	房間
हेयर ड्रायर	吹風機
शॉवर जेल	沐浴乳
साबुन	香皂
शैम्पू	洗髮精
नान तौलिया	浴巾
टॉयलेट पेपर	衛生紙
नाश्ता कहाँ करें?	早餐在哪裡用餐？
नाश्ता कितने का है?	早餐多少錢？
टीवी कैसे चालू करें	怎麼打開電視？
चेक इन	入住
मैं अपनी चाबी कमरे में भूल गया.	我把鑰匙忘在房間裡了
अनुकूलक	轉接器
चेक आउट	退房
मैं कमरे बदलना चाहता हूँ	我想換房間
या मूल्य में नाश्ता शामिल है?	房價是否有包含早餐？
मेरे कमरे में गर्म पानी नहीं है	我的房間沒有熱水
या मैं कमरा देख सकता हूँ?	我可以看一下房間嗎？
कृपया मुझे हवाई अड्डे तक छोड़ दें	請送我到機場
नाश्ता कितने बजे शुरू होता है?	幾點開始供應早餐？
गीजर कैसे चालू करें	怎麼打開熱水器？
कृपया मेरे लिए टैक्सी बुलाओ.	請幫我叫計程車

飲食篇

शाकाहारी भोजन	素食
मांसाहारी भोजन	葷食
अंडा	雞蛋
दूध	牛奶
मुर्गा	雞肉
मटन	羊肉
झींगा	蝦子
सब्ज़ी	蔬菜
पानी	水
गरम पानी	熱開水
ठंडा पानी	冷開水
सलाद	沙拉
इन-हाउस	內用
मिठाई	甜點
षुधावर्धक	前菜
कृपया पकवान की सिफारिश करें.	請你推薦特色菜
टेक-आउट	外帶
मुझे बिल चाहिए.	我要結帳

205 Traveling in India **So Easy!**

मैं यह ऑर्डर करना चाहता हूं	請給我這個
यह पकवान क्या है?	這是什麼？
मुझे बोतल पानी चाहिए	我要瓶裝水
यह बिल राशि गलत है.	這帳單金額不正確
कृपया मुझे पैक करने में मदद करें	請幫我打包
क्या आप मुझे यह बताना चाहेंगे?	有豬肉料理嗎？
पेय पदार्थ मेनू	飲料單
मेनू	菜單
ऑर्डर	點餐
बिल	帳單
क्या वहाँ खिडकी वाली सीटें हैं?	有靠窗座位嗎？
मैं रात्रि भोजन के लिए आरक्षण कराना चाहता हूँ।	我要預定晚餐座位

購物篇

एक सौ	100
दो सौ	200
पांच सौ	500
एक हजार	1000
कपास	綿
स्कर्ट	裙子
जूता	鞋子
नकद	現金
रेडिट कार्ड	信用卡
बिल	帳單
कश्मीरी दुपट्टा	羊絨圍巾
एक टुकड़ा	一個
दो टुकड़े	兩個
लाल	紅色
कपड़े	衣服
नीला	藍色
काला	黑色
सफ़ेद	白色
पैंट	褲子
कितना?	多少錢？
यादगार	紀念品
भारतीय काली चाय	印度紅茶
या यह सस्ता हो सकता है?	可以便宜一點嗎？
मैं इसे खरीदना चाहता हूं	我要買這個
या दो खरीदना सस्ता है?	買兩個可以便宜一點嗎？
मैं क्रेडिट कार्ड से भुगतान करना चाहता हूं	我要使用信用卡支付

मैं नकद भुगतान करना चाहता हूं	मुझे शॉपिंग बैग की जरूरत नहीं है
我要使用現金支付	我不需要購物袋

यह आकार बहुत बड़ा है	शादी के लिए पोशाक
這個尺寸太大	參加婚禮服裝

शॉपिंग बैग	भारतीय साड़ी	पारंपरिक पोशाक
購物袋	紗麗	傳統服裝

玩樂篇

एक टिकट	बाज़ार	थानीय टिकट
一張票	市集	本地人票

टिकिट लेना	दो टिकट	मर्लिन	आगंतुक केंद्र
售票處	兩張票	購物中心	遊客中心

टिकट	नक्शा	दिवाली	भारतीय त्यौहार
門票	地圖	排燈節	印度節日

विदेशी टिकट	यह कब खुलेगा?	सिनेमा कहाँ है ?	मूवी का टिकट
外國人票	什麼時候開門？	哪裡有電影院？	電影票

XXX तक कैसे पहुंचें?	या मुझे टिकट खरीदने की ज़रूरत है?
要怎麼前往？XXX？	請問需要買門票嗎？

टिकट की कीमत कितनी है?	टिकट कार्यालय कहाँ है?
門票多少錢？	售票處在哪哩？

मुझे एक कार किराए पर लेनी है.	क्या कोई चीनी टूर गाइड है?
我想要租車	有中文導遊嗎？

आप किस फिल्म की अनुशंसा करते हैं?	या कोई पर्यटक विवरणिका है?
推薦哪一部電影？	請問有觀光手冊嗎？

कृपया मुझे मेरे ड्राइवर को कॉल करने में मदद करें
請幫我打電話給司機

यह कब बंद होता है?
什麼時候關門？

शौचालय	अस्पताल	फार्मेसी
廁所	醫院	藥房

दवा	दस्	पेटदर्द	घायल
藥物	拉肚子	胃痛	受傷

डकैती	पुलिस स्टेशन	पुलिस	पुलिसकर्मी
搶劫	警察局	警察	女警察

चोर	पासपोर्ट	मुझसे झूठ बोला गया है.
小偷	護照	我被騙了

कॉल करें	सेलफोन	मोबाइल संचार कार्ड
打電話	手機	手機通訊卡

मुझे फार्मेसी कहां मिल सकती है?
請問哪裡可以找到藥局？

मैं दस्त की दवा खरीदना चाहता हूं.
我想要購買腹瀉藥

एम्बुलेंस 救護車

मैं घायल हूं, कृपया मेरे लिए एम्बुलेंस बुलाएं।
我受傷了，請幫我叫救護車

शौचालय कहाँ हैं? 哪裡有廁所？

मेरा पासपोर्ट खो गया है पुलिस स्टेशन कहाँ है?
我的護照遺失了，請問哪裡有警察局？

मुझे डकैती का सामना करना पड़ा, कृपया मेरे लिए पुलिस को बुलाएँ
我遇到搶劫，請幫我報警

क्या आप मुझे कॉल करने के लिए अपना मोबाइल फ़ोन दे सकते हैं?
可以借我手機打電話嗎？

救命小紙條

你可將下表影印，以英文填寫，並妥善保管隨身攜帶

個人緊急聯絡卡
Personal Emergency Contact Information

姓名Name：   國籍：Nationality

出生年分(西元)Year of Birth：   性別Gender：   血型Blood Type：

護照號碼Passport No：

台灣地址Home Add：(英文地址，填寫退稅單時需要)

緊急聯絡人Emergency Contact (1)：   聯絡電話Tel：

緊急聯絡人Emergency Contact (2)：   聯絡電話Tel：

信用卡號碼：   國內／海外掛失電話：

信用卡號碼：   國內／海外掛失電話：

信用卡號碼：   國內／海外掛失電話：

航空公司國內聯絡電話：   海外聯絡電話：

投宿旅館Hotel (1)：   旅館電話Tel：

投宿旅館Hotel (2)：   旅館電話Tel：

其他備註：

		外交部旅外急難救助專線
警察 **112**或**100**	消防 **112**或**102**	**00-800-0885-0885**
急救 **112**或**103**	緊急災害管理 **108**	**00-886-800-085-095**

駐印度台北經濟文化中心(德里)北印度
✉ No. 34, Paschimi Marg, Vasant Vihar, New Delhi-110057, India
📞 (+91-11) 4607-7777
　　急難救助電話：(+91)9810642658
ℹ 交通：搭乘德里地鐵到Vasant Vihar站，出站後轉搭計程車或Auto(電動三輪車)即可抵達。位置鄰近Vasant Vihar C Block Market

駐印度台北經濟文化中心(清奈)南印度
✉ ASV Chamiers Square, 4th Floor, 87/48, Chamiers Road, R A Puram, Chennai, Tamil Nadu 600028, India
📞 (+91) 44-4302-4311、
　　急難救助電話：(+91)96000-99511